Wolfgang Zemanek

Dörren und Trocknen

Stocker
StV

Wolfgang Zemanek

Dörren und Trocknen

Obst – Gemüse – Kräuter – Pilze

Leopold Stocker Verlag
Graz – Stuttgart

Umschlaggestaltung: DSR Werbeagentur Rypka GmbH, 8143 Dobl/Graz, www.rypka.at
Titelbild: Bilderwerk (Wien)
Bildnachweis: Die Bilder im Textteil wurden dem Verlag freundlicherweise vom Autor zur Verfügung gestellt.

Bibliographische Information Der Deutschen Bibliothek
Die Deutsche Bibliothek verzeichnet diese Publikation in der Deutschen Nationalbibliografie; detaillierte bibliografische Daten sind im Internet unter http://dnb.ddb.de abrufbar.

Hinweis: Dieses Buch wurde auf chlorfrei gebleichtem Papier gedruckt. Die zum Schutz vor Verschmutzung verwendete Einschweißfolie ist aus Polyethylen chlor- und schwefelfrei hergestellt. Diese umweltfreundliche Folie verhält sich grundwasserneutral, ist voll recyclingfähig und verbrennt in Müllverbrennungsanlagen völlig ungiftig.

Auf Wunsch senden wir Ihnen gerne kostenlos unser Verlagsverzeichnis zu:
Leopold Stocker Verlag GmbH
Hofgasse 5, Postfach 438
A-8011 Graz
Tel.: +43 (0)316/821636
Fax: +43 (0)316/835612
E-Mail: stocker-verlag@stocker-verlag.com
www.stocker-verlag.com

ISBN 978-3-7020-1259-5

Layout und Repro: DSR Werbeagentur Rypka GmbH, 8143 Dobl/Graz, www.rypka.at

Druck und Bindung: Christian Theiss GmbH., A-9431 St. Stefan i. L.
Printed in Austria

Inhalt

Vorwort

Mit diesem Fachbuch wollen wir ein Nachschlagewerk für all jene zur Verfügung stellen, die in erster Linie pflanzliche Produkte aus eigenem Anbau haltbar machen wollen. Ob nur für die eigene Familie getrocknet und gedörrt wird oder auch Produkte für die Direktvermarktung und den Hofladen entstehen sollen, kommt auf den Bedarf des Lesers und der Leserin an. Ganz bewusst wird bis auf wenige Ausnahmen auf Kulturhinweise und Anbauanleitungen verzichtet. Zu diesen Themen gibt es auf dem Markt bereits viele Fachbücher. Das vorliegende Praxisbuch konzentriert sich auf die Konservierung von pflanzlichen Lebensmitteln, daher beginnen die fachlichen Beiträge mit der Ernte.

Experten im Bereich des Trocknens sollen durch unser Buch ihr Wissen weiter vertiefen können und Anfänger angeregt werden, in diese uralte Konservierungstechnik einzusteigen. Es macht große Freude, den Wert eigener Produkte zu erkennen und durch fachgerechtes Handeln die Qualität der eigenen Arbeit zu steigern.

Veronika und Wolfgang Zemanek
Kräuterhof Fischbach, im März 2010

Einleitung

Warum trocknen?

Konservieren durch Trocknen ist eine uralte und bestens erprobte Methode der Konservierung. Bei vielen Bauernhäusern des Alpenraumes sind bis heute Dörrhäuser erhalten geblieben.

Wenn sinnvoll getrocknet wird, kann der dafür benötigte Energiebedarf in Grenzen gehalten werden. Oft ergibt sich die Möglichkeit, Abwärme zu nutzen: zum Beispiel im Brotbackofen nach dem Brotbacken, in einem sauberen Heizraum, über den Heizkörpern im Wohnraum, in der Nähe oder über dem Küchenofen ...

Dörrhäusl: Bei vielen alten Bauernhäusern sind noch Dörrhütten zu finden. Sie wurden wegen der Brandgefahr mit einigem Abstand zu anderen Gebäuden errichtet. Ein tief liegender Feuerraum wurde mit Holz beheizt.

Vorteile des Konservierens durch Trocknen

Getrocknete Lebensmittel brauchen bei Lagerung wenig Platz und keine Energie.

- Durch den Wasserentzug wird das Trocknungsgut leichter und das Volumen verringert sich deutlich. Es wird für Lagerung und Transport deutlich weniger Platz benötigt.
- Bei der Lagerung wird keine Energie verbraucht.
- Bei der Verwendung von Sonnenenergie oder Abwärme (über einem Brotbackofen oder Küchenofen nach dem Backvorgang, in einem sauberen Heizraum ...) kann sehr energiesparend getrocknet werden.
- Trockenprodukte wurden schon vor der Verarbeitung vorbereitet (putzen, schälen, entsteinen, zerkleinern ...). Bei der späteren Zubereitung entfallen diese Arbeiten. Dadurch kann beim Kochen Zeit eingespart werden.
- Der Platzbedarf für die Lagerung von Trockengut ist gegenüber Frischware und anderen Formen der Konservierung (z. B. Einkochen) sehr gering, weil das Trockengut bei der Trocknung sehr stark an Volumen und Gewicht verliert.
- Beim Trocknen bleiben viele wertvolle Inhaltsstoffe erhalten.
- Die Lagerung benötigt keine Energie. (Beim Tiefkühlen muss ständig Strom zugeführt werden.)
- Getrocknete Lebensmittel eignen sich als Energielieferant: zum Beispiel in der Schule, auf dem Arbeitsplatz, bei sportlicher Aktivität ...

Nachteile des Konservierens durch Trocknen

- Möglicher Vitaminverlust (vor allem Vitamin B und C) besonders bei höheren Trocknungstemperaturen. Aber auch bei niedrigen Trocknungstemperaturen muss mit einer Reduktion des Vitamingehaltes gerechnet werden.
- Die Vorbereitung der Rohware, die unmittelbar vor dem Trocknen erforderlich ist, ist bei einigen Produkten mit viel Arbeit verbunden.
- Der Trocknungsprozess muss überwacht werden und unterscheidet sich bei jedem Rohprodukt, oft sogar bei den einzelnen Sorten. Generelle Angaben sind daher nur schwer zu erstellen.

Darüber befindet sich der Trockenraum, wo auf Horden aus Rutengeflecht vorwiegend Äpfel, Birnen und Zwetschken getrocknet wurden. Leider ist kaum eine Hütte funktionsfähig erhalten geblieben.

Trocknung – Was Sie beachten sollten

Definition Trocknen (= natürliche Trocknung)

Natürliche Trocknung ist die Trocknung ohne Einsatz von technischen Einrichtungen und künstlichen Energiequellen. Sie ist nur dann möglich, wenn die relative Luftfeuchte der Trocknungsluft weit unter der Gleichgewichtsfeuchte des zu trocknenden Lebensmittels liegt. Ist keine große Differenz zwischen Gleichgewichtfeuchte und relativer Luftfeuchte gegeben, verläuft die Trocknung nur sehr langsam oder überhaupt nicht. Die Folge ist, dass das Lebensmittel durch Schimmelbefall oder sonstigen Verderb unbrauchbar wird. Warme, trockene Luft und eine stetige Zirkulation (Luftbewegung) sind Grundvoraussetzung für eine erfolgreiche natürliche Trocknung.

Die natürliche Trocknung sollte bis auf wenige Ausnahmen (z. B. Pilze, Paprika) im Schatten erfolgen, da das direkte Sonnenlicht die Farbe und die Qualität des Trockengutes ungünstig beeinflussen kann. Das heißt, die zu trocknenden Pflanzenteile bleichen aus und es kommt zu einer starken Reduktion von Aroma und anderen Inhaltsstoffen. Trocknung sollte nur an Tagen mit geringer Luftfeuchtigkeit erfolgen, es da sonst sehr schnell zu Befall mit Schimmelpilzen kommen kann, die lange Zeit nicht sichtbar sind. Während der Nacht darf das Trocknungsgut nicht im Freien verbleiben, da es sonst einer zu hohen Luftfeuchtigkeit ausgesetzt ist. Wenn in den einzelnen Anleitungen eine schnelle Trocknung gefordert wird, ist von einer natürlichen Trocknung dringend abzuraten. Bei zu langsamer Trocknung ist dann die Gefahr von Schimmelbefall und Farbveränderungen gegeben.

Lebensmittel auf der Wäscheleine; das Trocknen von Lebensmitteln hat höhere Anforderungen als das Wäschetrocken.

Möglichkeiten der natürlichen Trocknung

Trocknung in Bündeln: Diese Art der Trocknung sollte außer bei Zierpflanzen für Trockensträuße nur in Ausnahmefällen angewendet werden. Im Inneren eines Bündels, besonders dann, wenn es sich um größere Bündel handelt, gibt es nur sehr wenig Luftzirkulation und damit einen schlechteren Abtransport der Feuchtigkeit. Wird nun so lange getrocknet, bis auch die innersten Stellen des Bündels für die anschließende Lagerung ausreichend trocken sind, sind die Blätter an der Außenseite des Bündels schon stark übertrocknet – mit unvermeidlichen Verlusten an Aroma und Wirkstoffen. Daher sollten nicht zu große Pflanzenmengen zu Bündeln gebunden werden. Die Bündel sollten so luftig wie möglich aufgehängt werden. Zusammenfassend kann gesagt werden, dass nur in Ausnahmefällen und bei sehr kleinen Mengen in Bündeln getrocknet werden sollte. Das Trocknen in Bündeln ist nur bei Blattkräutern möglich. Blüten, Früchte und Wurzel lassen sich nicht in Bündeln trocknen!

Kräuterbündel: Auch Kräuter sollten nur in Ausnahmefällen in Bündeln getrocknet werden. Etwas besser erfolgt die Trocknung von Kräuterbündeln, wenn diese über einer Wärmequelle aufgehängt werden. Durch Verändern des Abstandes zur Wärmequelle kann die Trocknungstemperatur in geringem Ausmaß geregelt werden.

Trocknen über dem Küchenofen

Trocknung auf Trockenhorden: Im Gegensatz zu der oben erwähnten Methode des Trocknens in Bündeln bietet das Trocknen auf Horden eine Vielzahl von Vorteilen:

- Es können größerer Mengen auf einmal getrocknet werden.
- Werden Blättern vor dem Trocknen von den Stängeln abgetrennt, kann die Trocknungszeit sehr stark verkürzt werden. Holzige Stängel brauchen weit länger zum Trocknen als weiche Teile einer Pflanze.
- Die laufende Kontrolle des Trocknungsgutes ist bei Trocknungshorden viel einfacher.
- Bei Bedarf kann das Trocknungsgut leicht gelockert und gewendet werden.

Platzbedarf bei Hordentrocknung: Da die Schütthöhe des Trocknungsgutes bei Hordentrocknung wenige Zentimeter nicht überschreiten sollte (Pelzmann, S. 95), kann mit folgenden Mengen an Trockengut pro m^2 Trockenhorde gerechnet werden:

- 0,5 kg Blüten
- 1,5 kg Blätter
- 2,5 kg Wurzeln
- 2,0 kg Obst und Gemüse

Nachteile der natürlichen Trocknung

Auf die Trocknungstemperatur und deren Verlauf während der Trocknung kann nur sehr eingeschränkt Einfluss genommen werden. An sonnigen Tagen werden auf Dachböden nicht selten zu hohe Temperaturen erreicht, dagegen erfolgt die Trocknung an regnerischen Tagen mit hoher Luftfeuchtigkeit nur unzureichend.

Das Trocknungsgut muss immer vor Insekten und direkter Sonnenbestrahlung geschützt verarbeitet werden. Durch Abdecken wird die notwendige Luftzirkulation noch zusätzlich eingeschränkt. Besonders für Rohwaren, die eine schnelle Trocknung und eine Steuerung der Trocknungstemperaturen verlangen, ist daher die natürliche Trocknung nicht zu empfehlen!

Herstellung einer einfachen Trockenhorde

Eine einfache Trockenhorde lässt sich leicht selbst herstellen.

Auf einen Holzrahmen wird ein Fliegengitter aus Kunststoff aufgespannt und mit Heftklammern befestigt. Besonders einfach ist die Herstellung einer Trockenhorde, wenn dafür ein nicht mehr benötigter Lattenrost aus einem Bett verwendet wird. Damit erhält man eine Trockenfläche von ca. 2 m^2. Natürlich können auch mehrere Trockenhorden dieser Bauart übereinander verwendet werden. Wichtig dabei ist nur, dass ausreichend Abstand zwischen den Horden eingeplant wird, damit die Luft ungehindert zirkulieren kann und der Abtransport der feuchten Luft gewährleistet ist.

Optimal ist ein Abstand von 25–30 cm zwischen den Horden.

Aufstellung einer Trockenhorde: Die Trockenhorde wird mit ausreichendem Abstand zum Boden in einem trockenen Raum mit guter Belüftung und ohne direkte Sonneneinstrahlung aufgestellt. Als Untergestell können Sessel, Arbeitsböcke oder Ähnliches verwendet werden. Von großer Bedeutung ist die Sauberkeit des Trockenraumes, dass Insekten, Vögel, Nagetiere (Mäuse!) und Haustiere ferngehalten werden und keine Staubbelastung herrscht. Ein glatter, leicht zu reinigender Boden erleichtert die notwendigen Hygienemaßnahmen. Die geforderten Bedingungen sind in manchen Dachböden, Wäsche-, Trocken-, Heiz- und ähnlichen Räumen gegeben. Auf Dachböden besteht jedoch an heißen Sommertagen die Gefahr, dass die Temperatur für manches Trocknungsgut zu hoch wird. Dann ist eine gute Belüftungsmöglichkeit für einen schnellen Luftaustausch und eine Senkung der Temperatur wichtig.

Einfache Trockenhorde aus einem Lattenrost eines Bettes: Aus einem nicht mehr benötigten Lattenrost, der mit Insektenschutzgitter bespannt wird, kann sehr einfach eine Trockenhorde hergestellt werden.

Das sollten Sie beachten

Zur Herstellung von Trockenhorden sollten nur Gitter aus Kunststoff (z. B. Fliegengitter) verwendet werden. Bei Metallen besteht die Gefahr einer chemischen Reaktion der Fruchtsäuren mit den Metallen, was den Geschmack der Trockenprodukte negativ beeinflusst. Naturmaterialien, wie Jute, Leinen oder Baumwolle, wurden früher oft mangels geeigneter Kunststoffnetze zur Herstellung von Trockenhorden empfohlen. Sie sollten aber heute wegen schlechter Reinigungsmöglichkeiten und damit verbundener Hygieneprobleme nicht mehr verwendet werden. Es besteht dabei die Gefahr, zum Beispiel Schimmelpilze und deren Sporen über viele Produkte zu verschleppen.

Auch alte Getreidesiebe können als einfache Trockenhorden dienen. Sie sollten unbeschädigt und sehr sauber sein!

Definition Dörren (= künstliche Trocknung)

Trocknung mit Einsatz von technischen Einrichtungen und künstlichen Energiequellen

Wird mit zu hohen Temperaturen getrocknet, leidet die Qualität des Produktes.

Bei dieser Art der Trocknung wird die Luft erwärmt und dem Trocknungsgut damit die Feuchtigkeit entzogen. Die Trocknungstemperatur richtet sich dabei nach den Inhaltsstoffen des zu trocknenden Gutes. Es muss dabei ein Kompromiss zwischen der Dauer der Trocknung und der Schonung des Trockengutes eingegangen werden. Die Dauer der Trocknung sollte so kurz wie möglich sein. Höhere Temperaturen ermöglichen eine schnellere Wasseraufnahme durch die Luft und damit eine raschere Trocknung. Auf der anderen Seite sollte aber im Hinblick auf die Erhaltung der Inhaltsstoffe der Lebensmittel und die Kosten für die zugeführte Energie so kühl wie möglich getrocknet werden. Eine besonders schonende Trocknung wird erzielt, wenn Temperaturen von 32–34 °C nicht überschritten werden.

Technische Einrichtungen für die künstliche Trocknung

Haushalts-Dörrgeräte: Im Handel werden verschiedene elektrisch betriebene Dörrgeräte angeboten. Dabei werden 2 Funktionsprinzipien unterschieden: Bei den meisten Geräten wird warme Luft von einem Gebläse von unten durch bis zu 10 übereinander stapelbare Dörrgitter geblasen.

Bei hochwertigen Geräten lässt sich die Lufttemperatur stufenlos regeln. Einige Modelle verfügen darüber hinaus über eine eingebaute Zeitschaltuhr (Timer), mittels derer sich das Gerät nach der vorgegeben Zeit automatisch abschaltet. Bei anderen Geräten wird die Luft von oben nach unten durch die Dörrgitter geblasen. Die Nennleistung derartiger Geräte beträgt 600 W. Ein Dörrgitter hat 35 cm Durchmesser und somit eine Fläche von 0,08 m^2. Darauf passen ca. 500 g Obst, 400 g Gemüse oder 55 g Kräuter.

Stöckli-Dörrautomat: Mit Haushaltsdörrgeräten können sehr einfach hochwertige Trockenprodukte hergestellt werden. Leistung und Größe sind an den Bedarf eines durchschnittlichen Haushaltes angepasst.

Solartrockner: Mit einem Solartrockner können nur kleine Mengen getrocknet werden, gleichzeitig ist man an Sonnentage gebunden. Im Handel werden keine leistungsstarken Solartrockner für größere Verarbeitungsmengen angeboten. Im Internet gibt es jedoch einige Bauanleitungen und Hinweise zum Selbstbau von Solartrocknern. Wer regelmäßig auch größere Mengen an hochwertigen Trockenprodukten herstellen will, sollte jedoch aufgrund der im deutschsprachigen Raum herrschenden Klimabedingungen beim Trocknen nicht ganz von der Sonnenenergie abhängig sein.

Elektrischer Brotbackofen: Ein Brotbackofen eignet sich sehr gut zum Trocknen. Auf einer Fläche von ca. 95 × 95 cm, das entspricht einem Brotbackofen für 4 Brotlaibe, können 5 kg frische Marillen (Aprikosen) oder 1,5–2 kg Blattkräuter auf einmal getrocknet werden. Am sparsamsten ist das Trocknen mit der Restwärme vom Brotbacken. Beim Trocknen von Pflanzen mit ätherischen Ölen muss darauf geachtet werden, dass eine Temperatur von 42 °C im Inneren des Trocknungsgutes nicht überschritten wird. Das heißt, der Backofen sollte nach dem

Mit einem Solartrockner kann sehr energiesparend gearbeitet werden, der Erfolg hängt allerdings vom Sonnenschein ab.

Elektrischer Brotbackofen: Auch in einem Brotbackofen kann gut getrocknet werden, wenn die erforderlichen Trocknungstemperaturen eingehalten werden. Nach dem Brotbacken sollte der Ofen daher einige Zeit auskühlen.

Brotbackofen mit Lochblech: Das Lochblech liegt für eine bessere Luftzirkulation auf Tellern.

Brotbacken einige Stunden auskühlen.
Das Trocknungsgut muss auf ein Lochblech gelegt werden. Lochbleche (gelochte Backbleche) aus Edelstahl sind im Lieferumfang des Backofens enthalten oder werden als Zubehör angeboten. Auf einem Backblech ohne Löcher ist die notwendige Luftzirkulation nicht gegeben.

Zur besseren Abgabe der Feuchtigkeit sollte zwischen Lochblech und Backofen ein Abstand von mindestens 5 cm eingehalten werden. Dazu wird das Blech auf wärmebeständige Unterlagen (z. B. Suppenteller) gelegt. Die Backofentüre soll beim Trocknen geöffnet bleiben, damit die feuchte Luft aus dem Ofen abziehen kann.

Haushaltsbackofen: Im Haushaltsbackofen können kleinere Mengen getrocknet werden. Wichtig dabei ist, die Temperatur nicht zu hoch einzustellen und für einen guten Abzug der feuchten Luft zu sorgen. Dafür wird die Backofentüre einen Spalt offen gelassen. Apfelringe können auf Stäbe gefädelt werden, die in die Einschübe für die Backbleche gehängt werden – oder man legt das Trocknungsgut auf die Gitterroste.

Mikrowellengerät: Mit einem Haushalts-Mikrowellengerät können keine hochwertigen Trockenprodukte erzeugt werden.

Trockenschränke: Von einigen Herstellern werden Trockenschränke angeboten, die vorwiegend für den landwirtschaftlichen Betrieb mit Direktvermarktung ausgelegt sind. Es gibt verschiedene Größen und Leistungsklassen. Eine einfache Bedienung, hohe Leistung (von 10–100 kg Obst und Gemüse) und die Verarbeitung von Materialien, die den geforderten Hygienestandards entsprechen, sind Vorzüge, die diese meist kostenintensive Investition rechtfertigen. Um einen Trockenschrank wirtschaftlich auszunützen, müssen regelmäßig entsprechend große Mengen verarbeitet werden.

Haushaltsbackofen: Kleine Mengen an Obst und Gemüse können auch in einem Haushaltsbackofen getrocknet werden. Dabei sollten Hinweise in der Betriebsanleitung des Gerätes beachtet werden.

Selbstbau von elektrisch beheizten Trockenschränken: In einigen (Fach-)Büchern und im Internet sind zum Teil recht „abenteuerliche" Bauanleitungen von Trockenschränken und anderen Trockengeräten zu finden. Als Heizquelle werden häufig elektrische Heizlüfter empfohlen, die dann in verschiedene Holzkonstruktionen eingebaut werden sollen. Bei genauerer Betrachtung stellt sich jedoch die Frage, ob im Hinblick auf die technisch ausgereiften und praxiserprobten Dörrgeräte, die im Handel erhältlich sind, der Selbstbau eines Trockenschrankes wirklich kostengünstiger ist. Darüber hinaus darf die Brandgefahr derartiger Basteleien nicht unterschätzt werden. Es erscheint nicht wirtschaftlich, ein abgebranntes Haus der Anschaffung eines Trockengerätes vorzuziehen ...! Aus diesem Grund sollten sich Überlegungen zum Selbstbau von Trocknungsanlagen auf Solartrockner und Vorrichtungen für die natürliche Trocknung beschränken.

Anforderungen an die Rohware

Es sollte nur Rohware von höchster Qualität verarbeitet werden. Durch das Trocknen kann im besten Fall die vorhandene Qualität erhalten werden. Mängel der Rohware zu verdecken oder zu verbessern, wird auch bei viel Erfahrung und bester Technik kaum gelingen. Zur Herstellung hochwertiger Trockenprodukte muss die Rohware folgende Punkte erfüllen:

Die Qualität des Trockenproduktes ist maximal so gut wie die der Rohware.

- sauber
- gesund
- vollreif, aber nicht überreif
- aromatisch mit typischem Geschmack
- unbeschädigt

Was versteht man unter „Verderb von Lebensmitteln"?

Unter Verderb versteht man die unerwünschte Umwandlung eines Lebensmittels. Der Verderb kann auch als Verfall eines Lebensmittels bezeichnet werden. Mit dem Verderb ist eine unerwünschte Veränderung von Farbe, Geruch, Konsistenz, Geschmack und Inhaltsstoffen verbunden. Verdorbene Lebensmittel können in manchen Fällen Verursacher von Lebensmittelvergiftungen und damit gesundheitsschädlich sein. Ein verdorbenes Lebensmittel muss aber nicht zwangsläufig gesundheitsschädlich sein. Ob ein Lebensmittel als verdorben einzustufen ist oder als „Delikatesse" gilt, ist häufig vom Kulturkreis abhängig. Man denke dabei an verschiedene Käsesorten und andere Milchprodukte.

Verschiedene Ursachen von Verderbsprozessen

Biologischer Verderb durch Schimmelpilze

Biologischer Verderb: durch Mikroorganismen

Mikroorganismen bauen Lebensmittel ab oder um. Dabei werden verschiedene Stoffwechselprodukte gebildet. Diese Bildung von Stoffwechselprodukten ist nicht immer unerwünscht. Beispiele dafür sind Alkohole (Wein, Bier ...), Säuren (Essig, Sauerkraut ...), Hefen (Brot und Gebäck ...), aber auch Giftstoffe wie Toxin, die durch Schimmelpilze entstehen.

Chemischer Verderb: durch Enzyme

Enzyme sind Eiweißstoffe (Proteine), die in lebenden Zellen gebildet werden. Sie sind als sogenannte Biokatalysatoren Auslöser oder Beschleuniger von chemischen Reaktionen im Stoffwechsel einer Zelle. Enzymatische Bräunungen sind Verfärbungen von Lebensmitteln, die durch Enzyme ausgelöst werden. Hydrolytische Spaltungen von Kohlenhydraten, Fetten und Proteinen sowie oxidative Veränderungen von Fetten und Vitaminen sind weitere Formen des chemischen Verderbs von Lebensmitteln.

Physikalischer Verderb: durch Temperatur, Licht und mechanische Einflüsse

Auch durch Hitze und Kälte, starke Bestrahlung mit Licht und mechanische Belastungen werden Lebensmittel ungünstig beeinflusst. Daher zählen auch diese Einwirkungen zu den Verderbsprozessen. Physikalisch verdorbene Lebensmittel sind aber nicht gesundheitsschädlich.

Verschiedene Konservierungsverfahren im Überblick

Biologische Konservierung

So wie das Konservieren durch Trocknen zählen verschiedene biologische Konservierungsverfahren zum uralten Wissen der Menschheit. Milchsäuregärung und alkoholische Gärung haben schon immer dazu gedient, den Genusswert von Lebensmitteln, im Besonderen von Getränken, zu erhalten oder sogar zu erhöhen. Da im Mittelalter sauberes Trinkwasser selten war, dienten alkoholische Getränke wie Bier, Wein und Most als Flüssigkeitsquelle in der täglichen Ernährung. Aber auch Sauermilch, Buttermilch, Topfenkäse und viele andere durch Bakterien veränderte Lebensmittel sind Grundlage unserer Ernährung. Den Übergang von der biologischen zur chemischen Konservierung stellt das Einlegen in Alkohol dar. Alkohol tötet ab einer Konzentration von etwa 15 % vol Mikroorganismen ab.

Nicht immer sind Bakterien unerwünscht: Bei der Sauerkrautherstellung leisten Milchsäurebakterien einen wichtigen Beitrag zur biologischen Konservierung von Gemüse.

Chemische Konservierung

Bei der chemischen Konservierung werden zum Abtöten von Mikroorganismen verschiedene Substanzen eingesetzt: Die älteste Methode ist der Einsatz von Natriumchlorid (Kochsalz). Durch Salzanwendung können sowohl tierische als auch pflanzliche Lebensmittel haltbar gemacht werden. Heute werden darüber hinaus eine Reihe anderer Konservierungsmittel eingesetzt.

Physikalische Konservierung

Die Aktivität von Enzymen und Mikroorganismen ist vom Wassergehalt eines Lebensmittels abhängig. Daher besteht eine Möglichkeit der physikalischen Konservierung darin, den Wassergehalt zu reduzieren. Dies erfolgt durch Trocknen, Pökeln oder Kandieren. Eine andere Möglichkeit physikalischer Konservierung ist die Einwirkung von Hitze: Durch Pasteurisieren (Erhitzen bis maximal 100 °C) oder Sterilisieren (Erhitzen über 100 °C) wird der Genusswert bzw. die Verzehrtauglichkeit mehr oder weniger lange gewährleistet.

Kompott: Lebensmittel werden durch Hitze haltbar gemacht.

Physikalische Grundlagen und Begriffe der Konservierung von Lebensmitteln durch Wasserentzug (Trocknung)

Als *Trocknung* (= Exsikkation) wird der Entzug von Wasser aus einem Lebensmittel bezeichnet. Mit dem Entzug von Wasser ist meist auch eine Phasenumwandlung des Wassers in den gasförmigen Zustand verbunden.

Das sollten Sie beachten

Ziel der Konservierung durch Trocknung ist es, für Mikroorganismen ungünstige Bedingungen zu schaffen sowie die Tätigkeit von Enzymen einzuschränken und so den Verderbsprozess zu verhindern oder zu verlangsamen.

Wichtige physikalische Begriffe der Trocknung

aw-Wert (Wasseraktivität)

Die Wasseraktivität entspricht der Definition der Gleichgewichtsfeuchte, wird aber nicht in Prozent, sondern in 0 ... 1 aw angegeben.

Der aw-Wert ist ein Maß für die Lebens- und Vermehrungsbedingungen für Mikroorganismen.

Der aw-Wert ist das Maß an ungebundenem und leicht gebundenem Wasser in Lebensmitteln. Je größer der aw-Wert ist, umso mehr Wasser enthält das Lebensmittel und umso besser sind die Lebensbedingungen für Mikroorganismen. Mikroorganismen benötigen das frei verfügbare Wasser für Stoffwechsel und Wachstum. Der aw-Wert ist also eine wichtige Größe für die Haltbarkeit eines Lebensmittels.

Der aw-Wert berechnet sich aus dem Quotienten des Wasserdampfdruckes über dem Lebensmittel (p) und dem Wasserdampfdruck über reinem Wasser (p0). Er ist also eine Zahl zwischen 1 und 0. Reines Wasser hat einen aw-Wert von 1, während absolut wasserfreie Stoffe einen aw-Wert von 0 haben.

- **aw-Wert : aw = p : p0**
  p = Wasserdampfdruck oberhalb der Materialoberfläche des Lebensmittels (Taupunkt).
  p0 = Sättigungsdruck = Wasserdampfdruck oberhalb der Oberfläche von reinem Wasser bei gleicher Temperatur wie das Lebensmittel.

- **Relative Gleichgewichtsfeuchte (= % GF) : % GF = 100 × aw**
  oder
  aw = % GF : 100

Taupunkt

bezeichnet diejenige Temperatur, bei der in einem Gas-Dampf-Gemisch (Luft und Wasserdampf) das Gas mit der vorhandenen Menge des Dampfes gerade gesättigt ist. Unterhalb des Taupunktes tritt Kondensation des Dampfes infolge Übersättigung ein: Wasserdampf schlägt sich als Tau nieder.

Gleichgewichtsfeuchte

Ausdruck für das bestehende Gleichgewicht zwischen dem Wasserdampfdruck auf der Oberfläche von Lebensmitteln (oder anderen hygroskopischen Feststoffen) und dem Dampfdruck der umgebenden Luft. Bei Gleichgewichtsfeuchte findet kein Wasseraustausch zwischen dem Lebensmittel und der Luft statt. Das heißt, unter dieser Bedingung kann ein Lebensmittel nicht getrocknet werden, es nimmt aber auch kein Wasser aus der Umgebungsluft auf.

Um dem Lebensmittel Wasser zu entziehen, muss dieser Gleichgewichtszustand gestört werden. Meistens wird dabei mit einer Erhöhung der (Luft-)Temperatur durch eine Wärmequelle gearbeitet. Erwärmt man die Luft, kann sie insgesamt absolut mehr Feuchtigkeit aufnehmen. Die Luft wird dadurch relativ trockener, das Gleichgewicht ist gestört und dem Lebensmittel kann Wasser entzogen werden. Eine weitere Möglichkeit wäre, die Luft bei gleicher Temperatur zu trocknen. Dieses Verfahren ist aber technisch aufwändiger, daher beschränkt sich dieses Buch auf das Trocknen mit erwärmter Luft.

Bei zu hoher Luftfeuchtigkeit tritt der Zustand der „Gleichgewichtsfeuchte“ zwischen Luft und Lebensmittel ein, und es kann nicht getrocknet werden.

Absolute Luftfeuchtigkeit

Die absolute Luftfeuchtigkeit gibt den tatsächlichen Wasserdampfgehalt der Luft an. Angegeben wird die absolute Luftfeuchtigkeit in g Wasser/m³ Luft. Luft kann jene Wassermenge aufnehmen, die der Differenz zwischen absoluter und maximaler Luftfeuchte entspricht. Das heißt, das beste Ergebnis der Trocknung ist dann zu erreichen, wenn mit trockener, warmer Luft getrocknet wird.

Die relative Luftfeuchtigkeit gibt an, wie viel Prozent des maximalen Wasserdampfgehaltes die Luft im Augenblick enthält.

Relative Feuchtigkeit (= Relative Feuchte)

ist das Verhältnis zwischen tatsächlichem und maximalem Wasserdampfgehalt der Luft bei einer bestimmten Temperatur. Die relative Luftfeuchte ist ein Messwert und wird mit einem Hygrometer gemessen.

Luft tendiert dazu, einen Sättigungszustand bei einem Feuchtigkeitsgehalt von 100 % zu erreichen. Sie nimmt dazu Feuchtigkeit auf, bis der Sättigungszustand erreicht ist. Es kann aber bei einer bestimmten Temperatur nur eine bestimmte Menge an Wasserdampf aufgenommen werden. Je trockener die Luft ist, das heißt, je größer die Differenz der relativen Luftfeuchte zur Sättigung ist, desto mehr Feuchte (Wasser) kann aufgenommen werden. Dieses Prinzip ist die Grundlage der Trocknung. Wird Luft mit einer bestimmten (relativen) Feuchte und einer bestimmten Temperatur erwärmt, sinkt die relative Feuchte und die Luft kann wieder Wasser aufnehmen.

Maximale Luftfeuchte

Die maximale Luftfeuchte, angegeben in g Wasser/m³ Luft, gibt den maximal möglichen Wasserdampfgehalt bei einer bestimmten Temperatur an (= maximale Sättigung). Werte der maximalen Sättigung:

Bei 10 °C 9,4 g/m³ Luft	Bei 30 °C 30,3 g/m³ Luft
Bei 20 °C 17,3 g/m³ Luft	Bei 40 °C 51,1 g/m³ Luft

Die maximale Luftfeuchte ist die Bezeichnung für die größte Wassermenge, die Luft bei einer bestimmten Temperatur enthalten kann.

Verdunstung

Die Feuchtigkeit wird durch Verdunstung aus der Rohware entfernt. Aus dem Inneren der Rohware diffundiert ständig Wasser zur weniger feuchten Außenseite nach.

Das Mollier-Diagramm

Der Physiker Richard Mollier (geboren 1863 in Triest, gestorben 1935 in Dresden) war Professor für Physik in Göttingen und Dresden und hat sich intensiv mit der Erforschung der Wärmelehre und der Zusammenhänge von Wasser, Dampf, Temperatur und Luftfeuchte beschäftigt. Nach ihm ist das h-x-Diagramm für feuchte Luft benannt, das wichtige Zusammenhänge zwischen Luftfeuchte, Temperatur, Dichte und Luftdruck graphisch darstellt.

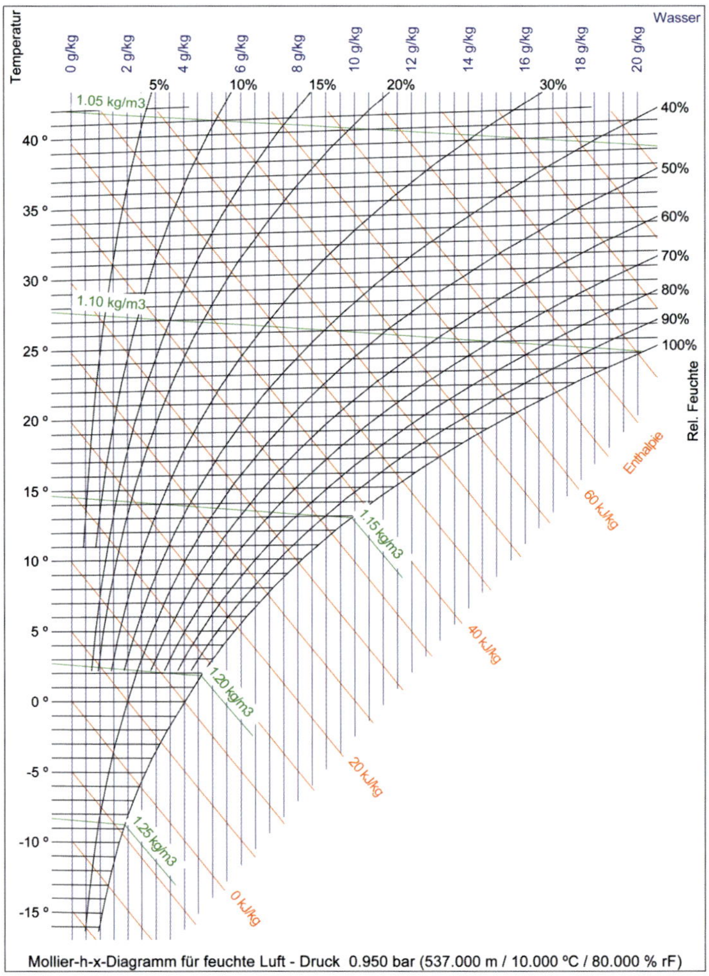

Der Aufbau des h-x-Diagramms von Mollier: Temperatur: waagrecht nach rechts verlaufende Linien; Dichte: nach rechts leicht fallende Linien; relative Luftfeuchte: Kurven zwischen 0 % und 100 %

Überlegungen zur Auswahl der Trocknungstechnik

Die Auswahl der Trocknungstechnik richtet sich in erster Linie an die Menge an Rohprodukten, die getrocknet werden sollen. Darüber hinaus sollte die Überlegung angestellt werden, ob eventuell vorhandene technische Einrichtungen (Brotbackofen, Haushaltsbackofen) zum Trocknen verwendet werden können oder ob eigene Vorrichtungen zum Trocknen benötigt werden.

Häufig können vorhandene Haushaltsgeräte zum Trocknen verwendet werden.

- Kleinstmengen bis 2 kg Obst u. Gemüse, 0,5 kg Blattkräuter: Haushaltsbackofen, Selbstbau-Solardörrer, einfache Dörrapparate mit 3 Etagen (ist im Lieferumfang enthalten), bei Blattkräutern: Trocknen in Bündeln.
- Mittlere Mengen: 1,5–5 kg Obst und Gemüse, 1–2 kg Blattkräuter: Brotbackofen, Dörrgerät mit 5 bis 7 Etagen (Zusatzsiebe werden als Zubehör angeboten).
- Über 5 kg Obst und Gemüse: großer Brotbackofen, Trockenschrank.
- Mehr als 10 kg Obst und Gemüse, 5 kg Blattkräuter: professionelle Schranktrockner, Bau einer Trocknungsanlage.

Wassergehalt von Lebensmitteln

bezeichnet die nach einem festgelegten Verfahren ermittelte Wassermenge eines Lebensmittels in Massenprozenten.

Obst-Wassergehalt in %:	
Äpfel	83
Marillen/Aprikosen	85
Pfirsich	87
Zwetschke	84
Erdbeeren	90
Bananen	75
Birnen	83

Gemüse-Wassergehalt in %:	
Karfiol	92
Lauch	88
Kren/Meerrettich	73
Karotte	83
Kraut	92
Gurke	96
Zwiebel	85
Rote Rübe/Rote Beete	89
Kürbis, Zucchini	95
Erdäpfel/Kartoffel	74

Sorptions-Isothermen

Wasseraktivität und Wassergehalt sind nicht gleichzusetzen. Ihr Zusammenhang wird mit der sogenannten Sorptions-Isotherme dargestellt.

Ein physikalisch-mathematisches Beispiel: das Trocknen am Beispiel von Äpfeln

Äpfel haben einen Wassergehalt von 83 % (somit ist der Anteil der Trockenmasse 17 %) und sollen getrocknet werden, bis sie lange haltbar sind. Wir wissen, dass Schimmelpilze den geringsten Anspruch an die Wasseraktivität haben und bei aw unter 0,8 nicht lebensfähig sind. Daher wird durch Wasserentzug (Trocknen) ein aw-Wert von 0,7 angestrebt.

% GF = 100 aw

Eingesetzt: % GF = 100. 0,7 = 70 % GF

70 % Gleichgewichtsfeuchte werden angestrebt – das ist aber nicht der Wassergehalt im getrockneten Apfel!

Dieser wird aus der Sorptions-Isotherme abgelesen:

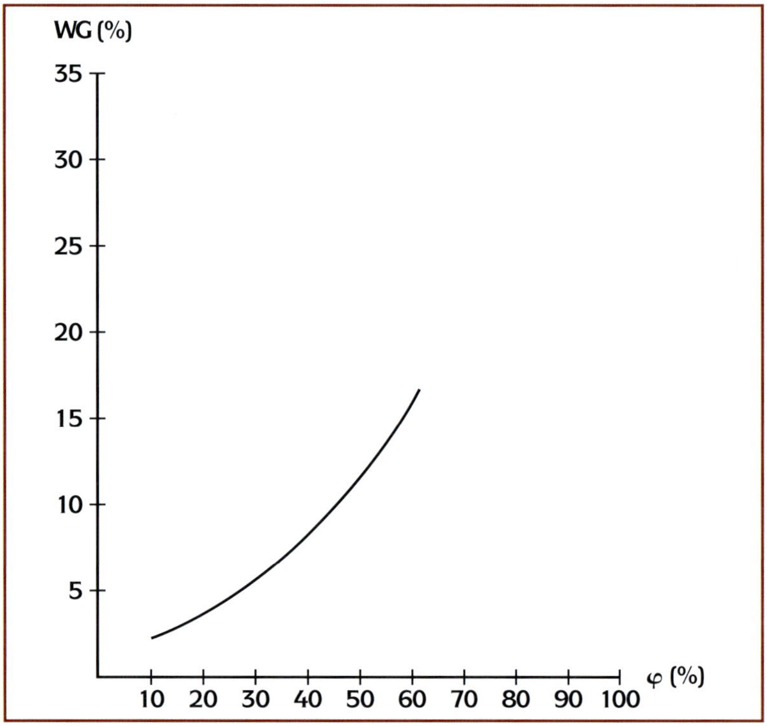

Sorptions-Isotherme

12 % Restfeuchte nach dem Trocknen ist für fast alle pflanzlichen Lebensmittel ein optimaler Wert.

Der anzustrebende Wassergehalt liegt also bei 17 % Restfeuchte. Da es aber bei diesem Feuchtegehalt verstärkt zu Bräunungen kommen kann, wird auf einen Wassergehalt von 12 % getrocknet. Das heißt: 1000 g Äpfel mit 83 % Wassergehalt enthalten 830 g Wasser und 170 g Trockensubstanz (TS). 830 + 170 = 1000.

Wenn auf 12 % Wassergehalt getrocknet wird, bezieht sich dieser Wassergehalt aber auf das Trockenprodukt und nicht auf die Ausgangsmenge von 1000 g Äpfeln.

12 % Wassergehalt bedeuten, dass 88 % nicht Wasser, also Trockensubstanz (TS) ist. Die ursprünglich ermittelte Menge an Trockensubstanz bleibt durch das Trocknen unverändert bei 170 g. Das sind nun 88 %. Wie viel g Wasser sind 12 %?

88 % = 170 g
12 % = ? g

170 : 88 = 1,93 (= 1 %)
1,93 × 12 = 23,16 g (= 12 % Wasser)

23,16 g Wasser + 170 g Trockensubstanz = **193,16 g getrocknete Apfelringe**

Das heißt, wenn 1000 g Äpfel getrocknet werden sollen, bis sie langfristig haltbar sind, dürfen nach dem Trocknen maximal 193,16 g getrocknete Apfelringe übrig bleiben. 806,84 g Wasser müssen aus den frischen Äpfeln entfernt werden. Auf diese Weise kann das Ende des Trocknungsvorganges mit einer Waage und ein wenig Verständnis für Physik sehr einfach bestimmt werden. Diese Methode lässt sich selbstverständlich auf alle Produkte anwenden!

Mit einer einfachen Rechnung lässt sich das Ende des Trocknungsvorganges mathematisch bestimmen.

Steuerung der Trocknungstemperatur während des Trocknungsprozesses

Zu Beginn der Trocknung verhindert der hohe Wassergehalt ein Überhitzen des Trocknungsgutes. Mit fortlaufendem Trocknungsprozess kann es aber infolge des geringer werdenden Wasseranteils zu einer Überhitzung des Trocknungsgutes kommen, was sich negativ auf die wertgebenden Inhaltsstoffe (besonders ätherische Öle) auswirkt. Daher ist im Verlauf der Trocknung die Temperatur entsprechend anzupassen. Damit ein kontinuierlicher Abtransport des Wassers aus dem Trockengut gewährleistet ist, sollte das Trockengut möglichst gut von trockner Luft umspült werden können.

Die Temperatur der Trocknungsluft und die Temperatur des Trocknungsgutes sollten kontrolliert werden. Das kann mit einem einfachen Thermometer durchgeführt werden. Ein Infrarotthermometer führt zu sehr genauen Ergebnissen und die Messung kann sehr schnell durchgeführt werden.

Verlauf der Trocknung (Oberflächentemperatur)

Der Verlauf der Trocknung ist dann optimal, wenn die Temperatur im Inneren des Trocknungsgutes über den gesamten Verlauf der Trocknung konstant

Die Temperatur der Luft und des Trocknungsgutes muss während des Trocknungsvorganges durchgängig kontrolliert werden.

bleibt und an allen Stellen des Trocknungsgutes die gleiche Trockengeschwindigkeit herrscht. Das heißt, das Wasser sollte mit annähernd konstanter Geschwindigkeit aus den inneren Zellen des Trocknungsgutes an die Oberfläche strömen und dann von der Trocknungsluft abtransportiert werden.

Vorbereitung des Trocknungsgutes

Bei der Zerkleinerung des Trocknungsgutes soll eine möglichst große Oberfläche zur optimalen Abgabe der Feuchtigkeit erreicht werden. Dabei ist die spätere Verwendung des Trockengutes zu berücksichtigen.

Abschnitte des Trocknungsvorganges

Vortrocknung

In der Vortrocknungsphase sollte das Trocknungsgut behutsam gewendet und aufgelockert werden, um ein Festkleben zu verhindern.

Bei der Vortrocknung wird ein Abtrocknen der Oberflächen (Schnittflächen) erreicht. In diesem Abschnitt neigen viele Trocknungsgüter dazu, aneinander oder auf den Trocknungsflächen festzukleben. Durch mehrmaliges Wenden und Lockern wird die Bildung einer „Matte“ verhindert. Das Trocknungsgut wird dabei so wenig wie möglich mechanisch belastet.

Da zu Beginn der Trocknung bei feuchtem Trockengut die zugeführte Wärmemenge fast zur Gänze in Verdampfungswärme umgewandelt wird, besteht in diesem Abschnitt der Trocknung kaum die Gefahr der Überhitzung des Trocknungsgutes. Die Temperatur der Trocknungsluft kann bis zu 80 °C betragen. Bei noch höheren Temperaturen besteht auch bei frischem Trocknungsgut die Gefahr von nicht enzymatischen Bräunungen. Außerdem treten bei vielen Produkten unerwünschte Geschmacksveränderungen (wie Kochgeschmack) auf oder die Trockenprodukte schmecken verbrannt.

Haupttrocknung

In der Haupttrocknung darf die Temperatur keinesfalls zu hoch ansteigen.

Die Oberfläche des Trocknungsgutes fühlt sich nun trocken an, Einzelstücke kleben nicht mehr aneinander. In diesem Abschnitt wird nun das meiste Wasser aus dem Trocknungsgut entzogen, und zwar so lange, bis das Trocknungsgut haltbar ist.

Mit zunehmendem Feuchtigkeitsverlust im Trocknungsgut besteht jedoch die Gefahr eines Temperaturanstieges im Trocknungsgut. Die Temperatur der Trocknungsluft muss nun gesenkt werden. Während der Haupttrocknung darf die Temperatur nicht höher sein als die maximal erwünschte Temperatur im Trocknungsgut. Nach Abschluss der Haupttrocknung kann der Trocknungsvorgang beendet und die Abkühlphase eingeleitet werden.

Nachtrocknung

Wenn das Trocknungsgut knusprig werden soll, muss der Wassergehalt in der Nachtrocknungsphase weiter reduziert werden, bis das Trocknungsgut hart ist und gebrochen werden kann. Bei Blättern und Blüten entfällt die Nachtrocknungsphase. Sie sind nach der Haupttrocknung fertig getrocknet.

Abkühl- und Rastphase

Jedes Trockengut darf erst nach dem vollständigen Erkalten abgefüllt werden. Daher werden Trockenprodukte vor dem Verpacken in einem trockenen Raum ungefähr 24 Stunden zwischengelagert.

Der Einfluss der Trocknung auf wichtige Inhaltsstoffe pflanzlicher Produkte

Mineralstoffe

wie Kalium, Kalzium, Eisen, Magnesium, Phospor, Kupfer oder Mangan werden durch Vorbereitung und Trocknung nicht negativ beeinflusst. Sie liegen im getrockneten Produkt in konzentrierter Form vor. D. h., durch den Wasserentzug beim Trocken befinden sich in 100 g Trockenäpfeln ähnlich hohe Anteile an Mineralstoffen wie in 1000 g frischen Äpfeln. Trockenprodukte, besonders Trockenobst, leisten sehr gute Dienste bei der Versorgung mit Mineralstoffen natürlicher Herkunft.

Mineral- und Ballaststoffe werden bei der Trocknung nicht verändert, Vitamine dagegen werden teilweise, besonders bei überhöhter Trocknungstemperatur, zerstört.

Ballaststoffe

sind in Trockenprodukten genauso wie in Frischprodukten enthalten.

Vitamine

Bei Vitaminen muss durch die Verarbeitung und das Trocknen eine Reduktion des Gehaltes hingenommen werden. Oberstes Ziel sollte sein, diese Reduktion durch einen optimalen Verarbeitungs- und Trocknungsprozess so klein wie möglich zu halten. Es muss aber deutlich gesagt werden, dass frische Produkte im Hinblick auf eine Versorgung mit Vitaminen dem Trockenprodukt in jedem Fall vorzuziehen sind.

Sowohl Zitronen als auch Gurken sind vitaminreich.

Vitamin A (Retinol)
Vorkommen: Lebertran, Innereien, Milchprodukte, Butter, Eigelb, als Provitamin A, Karotten.
Eigenschaften: fettlöslich, licht- und sauerstoffempfindlich.

Vitamin B1 (Thiamin)
Vorkommen: Weizenkeime, Vollkorngetreide und Reis, Erbsen, Innereien, Schweinefleisch, Hefe, Hafer.
Eigenschaften: wasserlöslich; Thiamin wird durch Hitze und lange Lagerung zerstört, nicht jedoch nicht beim Gefrieren.

Vitamin B2 (Riboflavin)
Vorkommen: Milchprodukte, Fleisch, Vollkorngetreide, Käse, Eier, Leber, Seefisch, grünes Blattgemüse, Molkepulver.

Eigenschaften: wasserlöslich, Vitamin B2-haltige Nahrungsmittel kühl und dunkel lagern.

Besonders Vitamine der B-Gruppe und Vitamin C sind beim Trocknen stark gefährdet.

Vitamin B3 (Niacin, Nikotinsäure)
Vorkommen: Bierhefe, Erdnüsse, Erbsen, Leber, Geflügel, Fisch, mageres Fleisch.
Eigenschaften: wasserlöslich, Wirkung wird durch Zucker und Alkohol beeinträchtigt.

Vitamin B5 (Pantothensäure)
Vorkommen: Leber, Gemüse, Weizenkeime, Spargel, Krabben und Fisch, Fleisch, Sonnenblumenkerne.
Eigenschaften: wasserlöslich, hitzeempfindlich.

Vitamin B6 (Pyridoxin)
Vorkommen: Bananen, Nüsse, Vollkornprodukte, Hefe, Leber, Kartoffeln, grüne Bohnen, Karfiol (Blumenkohl), Karotten und andere Wurzeln.
Eigenschaften: wasserlöslich, empfindlich gegen Hitze und Licht.

Vitamin B7 (Biotin, Vitamin H)
Vorkommen: Leber, Kohlgewächsen (besonders Karfiol/Blumenkohl), Champignons, Vollkornprodukte, Ei, Avocado, Spinat, Milch.
Eigenschaften: wasserlöslich.

Vitamin B9 (Folsäure, Vitamin M)
Vorkommen: Leber, Weizenkeime, Kürbis, Champignons, Spinat, Avocado.
Eigenschaften: wasserlöslich, Vitamin B9 verträgt keine Hitze, Licht oder Sauerstoff.

Frische Zitronen enthalten viel Vitamin C.

Vitamin C (Ascorbinsäure)
Vorkommen: Hagebutten, Sanddorn, Zitrusfrüchte, Johannisbeeren, Kartoffeln, Paprika, Tomaten, Kohl, Spinat, Gemüse, Rettich.
Eigenschaften: wasserlöslich, sauerstoff- und trockenheitsempfindlich. Vitamin C wird auch bei guten Lagerbedingungen mit der Zeit abgebaut, daher sollte die Lagerzeit so kurz wie möglich sein.

Vitamin D (Calciferol)
Vorkommen: Lebertran, Leber, Milch, Eigelb, Butter, Meeresfische, Pilze, Avocado.
Eigenschaften: fettlöslich, lichtempfindlich, hitzebeständig.

Vitamin E (Tocopherole)
Vorkommen: Sonnenblumen-, Mais-, Soja- und Weizenkeimöl, Nüsse, Leinsamen, Schwarzwurzel, Paprikagewächsen, Kohlgewächse.
Eigenschaften: fettlöslich und frostempfindlich; zerstört wird es durch offene Lagerung oder beim Kochen mit viel Fett.

Vitamin K (Phyllochinone)
Vorkommen: Eier, Leber, Grünkohl, grünes Gemüse, Zwiebeln, Hafer, Kiwi, Paradeisern, Kresse.
Eigenschaften: fettlöslich; Vitamin K ist sehr lichtempfindlich.

Maßnahmen zur Erhaltung und Schonung der Vitamine

Waschen

Alle Vitamine der B- und C-Gruppe sind wasserlöslich. Daher Rohprodukte vor dem Trocknen nur dann waschen, wenn das unbedingt notwendig ist. Überspülen ist weit besser als Einweichen!

Zerkleinern

Erst nach dem Waschen zerkleinern! Es muss ein Kompromiss zwischen optimaler Trocknung und größter Schonung der Vitamine gefunden werden.

Lagerung

Durch kühle Lagerung von frischen und getrockneten Lebensmitteln können Vitaminverluste reduziert werden. Frische Lebensmittel möglichst sofort nach der Ernte verarbeiten. Getrocknete Lebensmittel innerhalb einer Saison verbrauchen.

Lichteinwirkung

Viele Vitamine sind lichtempfindlich. Daher darf nicht bei direkter Sonneneinstrahlung getrocknet werden. Dunkle Lagerung ist zu empfehlen.

Sekundäre Pflanzeninhaltsstoffe

Sekundäre Pflanzeninhaltsstoffe sind in der Pflanze nur in sehr kleinen Konzentrationen enthalten. Sie dienen im Gegensatz zu den primären Pflanzeninhaltsstoffen nicht für Ernährung, Wachstum und Photosynthese, sondern erfüllen unterschiedlichste Aufgaben für die Pflanze. Dazu zählen: Abwehr von Krankheiten, Schutz vor Fraßfeinden, Anlockung von Insekten zur Bestäubung, mechanische Festigung des Pflanzengewebes und andere Aufgaben. Für Menschen und Tiere sind sekundäre Pflanzenstoffe aus einem Grund besonders interessant: sie sind für die medizinische Wirksamkeit von Pflanzen verantwortlich. Daher ist es von großer Bedeutung, dass auch in getrockneten Pflanzen (besonders in Arznei- und Gewürzpflanzen) ein hoher Anteil dieser sekundären Pflanzeninhaltsstoffe erhalten bleibt.

Sekundäre Pflanzeninhaltsstoffe sind für die medizinische Wirksamkeit der Pflanzen verantwortlich.

Ätherische Öle

Ätherische Öle sind leicht flüchtig. Sie werden beim Zerkleinern, Waschen und durch Hitze freigesetzt.

Vorkommen: besonders in Doldenblütlern (z. B. Kümmel, Fenchel, Anis, Dillsamen, ...) und in Lippenblütlern (z. B. Oregano, Melisse, Minze, Thymian, ...) sowie in vielen anderen Pflanzen. Ätherische Öle sind im Gegensatz zu anderen Inhaltsstoffen am intensiven Duft zu erkennen.
Wirkung: beruhigend, entzündungshemmend, antibakteriell.
Eigenschaften: leicht flüchtig (daher der Name ätherische Öle!), wasserlöslich, hitzeempfindlich. Beim Zerkleinern der Pflanzen werden mehr oder weniger viele Speicherzellen zerstört. Dies führt unweigerlich zu Verlusten. Daher sollten Pflanzen zur Schonung der ätherischen Öle nicht gewaschen, kaum zerkleinert (Blätter bei Kräutern vor dem Trocknen ganz lassen und erst unmittelbar bei Gebrauch zerreiben oder schneiden!) und nicht heiß getrocknet werden.

Schleimstoffe

Vorkommen: besonders in Malve, Eibisch, Königskerze, Lein, Spitzwegerich und anderen.
Wirkung: entzündungshemmend, legen sich als zarter Schutzfilm auf Schleimhäute.
Eigenschaften: Schleimstoffe sind hitzeempfindlich und quellen im Wasser stark auf. Daher sollten Pflanzenteile nur sehr kurz und schonend gewaschen werden. Beim Trocknen werden Schleimstoffe auch bei höheren Temperaturen nicht beeinträchtigt.

Gerb- und Bitterstoffe

Vorkommen: Enzian, Wermut, Ringelblume, Schafgarbe.
Wirkung: adstringierend (zusammenziehend), verdauungsfördernd, bakterienhemmend, entzündungshemmend.
Eigenschaften: Sind sehr fest in der Pflanze gebunden und werden bei Vorbereitung und Trocknung nicht zerstört oder ausgewaschen.

Bauliche Voraussetzungen und Anforderungen an technische Einrichtungen für die Herstellung hochwertiger Trockenprodukte

- Böden, Wände und Decken sowie Fenster und Türen inklusive Rahmen sind in einwandfreiem Zustand. Sie sind leicht zu reinigen und zu desinfizieren, Insektenschutzgitter an Außenfenstern sind vorhanden. Schädlinge sind leicht aufzufinden und zu entfernen. Auf Böden ist keine Pfützenbildung möglich! (Pfützen sind ideale Vermehrungsorte für viele Mikroorganismen.)

- Kühl- und Tiefkühleinrichtungen sind in einwandfreiem Zustand. Sie können leicht gereinigt und desinfiziert werden. An den Geräten und deren Dichtungen ist kein Schimmelbefall erkennbar. Temperaturanzeigen stimmen mit der tatsächlichen Temperatur überein.
- Sämtliche Oberflächen in Verarbeitung- und Lagerräumen sind leicht zu reinigen und zu desinfizieren. Es gibt keine saugenden Oberflächen und Fugen.
- Es gibt Handwaschbecken mit Warmwasser und Reinigungsmitteln. Hygienische Möglichkeiten zum Trocknen der Hände sind vorhanden (keine Handtücher aus Stoff).
- Für sämtliche Reinigungsarbeiten muss einwandfreies frisches Trinkwasser vorhanden sein.
- Es müssen geeignete Möglichkeiten vorhanden sein, um Werkzeuge und Arbeitsgeräte (Messer, Dörrgitter etc.) sachgerecht zu reinigen und anschließend zu trocknen.
- Lebensmittelabfälle (biogene Abfälle wie Schalen, Kerne, Stängel etc.) und andere Abfälle werden in getrennten verschließbaren Behältern gesammelt. Abfallbehälter werden mindestens einmal täglich entleert (besonders „vergessene" biogene Abfälle sind „Anzuchtorte" von Mikroorganismen).
- Ungereinigte Rohwaren können getrennt von fertig bearbeiteten Produkten aufbewahrt werden. Sogenannte Kreuzkontaminationen werden dadurch verhindert.
- In Räumen, die der Verarbeitung von pflanzlichen Produkten dienen, werden keine tierischen Lebensmittel bearbeitet oder gelagert.
- Räume für Lebensmittel sind von Stallungen, Dunglagerstätten und Toilettenanlagen räumlich getrennt. Es darf kein direkter Zugang zwischen Toiletten und Verarbeitungsräumen gegeben sein.
- Tiere werden aus Betriebsstätten und Lagerräumen ferngehalten.
- Es werden nur Materialien und Behälter verwendet, die für die Berührung mit Lebensmitteln zugelassen sind.

Mikroorganismen und ihre Wasseransprüche

Bakterien

Bakterien haben die höchsten Ansprüche an den Wassergehalt des Lebensmittels. Sie benötigen zur Vermehrung einen aw-Wert zwischen 0,91 und 0,96. Alle krankheitserregenden Mikroorganismen sind gegen einen geringen Wassergehalt empfindlich. Das Bakterium *Clostridium botulinum* benötigt einen aw-Wert unter 0,95. Als beachtenswerte Ausnahme sei hier das Bakterium *Staphylococcus aureus* erwähnt, das auch aw-Werte zwischen 0,86 und 0,90 überstehen kann. *Staphylococcus aureus* kann Hauterkrankungen, Muskelerkrankungen und Entzündungen der Lunge auslösen.

Hefen

Weit geringere Ansprüche an den Wassergehalt eines Lebensmittels als Bakterien haben Hefen. Ihr Wachstum wird erst ab einem aw-Wert unter 0,88 eingeschränkt. Hefen produzieren durch Vergärung Alkohol. Der Verderb durch Hefen ist meist nicht gesundheitsschädlich, der Geschmack von getrockneten Lebensmitteln wird aber negativ beeinflusst.

Schimmelpilze

Schimmelpilze haben den geringsten Wasserbedarf. Sie können schon ab einem aw-Wert von 0,80 wachsen.

Das sollten Sie beachten

Bakterien haben die höchsten Ansprüche an den Wassergehalt eines Lebensmittels, Schimmelpilze können sich auch auf eher trockenen Lebensmitteln vermehren.

Produktgruppen

Arznei- und Gewürzpflanzen

Für die meisten Arznei- und Gewürzpflanzen ist das Trocknen eine sehr gute Methode der Konservierung. Besonders wenn Pflanzen nicht aus dem Anbau im Garten stammen, sondern in der freien Natur gesammelt werden, ist eine exakte Bestimmung und Identifizierung der Pflanzen notwendig. Vergiftungen können im schlimmsten Fall tödliche Folgen haben. Häufig wird von schweren Vergiftungen aufgrund der Verwechslung von Maiglöckchen mit Bärlauch berichtet. Aber auch unter den Doldenblütlern finden sich sowohl wertvolle Gewürze (Kümmel, Petersilie) als auch gefährliche Giftpflanzen (Schierling). Botanische Grundkenntnisse und Erfahrung im Umgang mit Pflanzen sind Voraussetzung für einen zufriedenstellenden Umgang mit diesen Schätzen der Natur.

Anbau kontra Wildsammlung

Der Anbau von Arznei und Gewürzpflanzen bringt gegenüber der Wildsammlung einige Vorteile:

- Beim Anbau kann der Entwicklungszustand der Pflanzen besser beobachtet werden. Dadurch ist die Entscheidung über den richtigen Erntetermin einfacher.
- Beim Anbau erfolgt die Ernte meist zügiger als bei der Wildsammlung. Daher kann die Zeitspanne zwischen Ernte und Verarbeitung kurz gehalten werden.
- Werden geeignete Anbauorte und Kulturmaßnahmen ausgewählt, kann eine mögliche Verschmutzung der Pflanzen von vornherein vermieden werden.
- Es steht im Handel eine große Palette an Saatgut für Kräuter zur Verfügung, und es werden hochwertige Jungpflanzen angeboten. Damit sind wichtige Voraussetzungen für den Anbau guter Arznei- und Gewürzpflanzen gegeben.

Durchschnittliche Erträge an getrockneten Pflanzen pro 100 m² und Jahr

Alantwurzel:	20–30 kg
Angelikawurzel:	15–20 kg
Arnikablüten:	5–7 kg (Eintrocknungsverhältnis 5:1)
Basilikum:	10 kg (Eintrocknungsverhältnis 7:1)
Brennnessel:	15 kg
Eibischwurzel:	8–12 kg (Eintrocknungsverhältnis 4:1)
Goldmelissenblüten:	4–6 kg (Eintrocknungsverhältnis 7–9:1)
Kamillenblüten:	4 kg
Kornblumenblüten:	10–15 kg
Kümmelfrüchte:	10 kg
Liebstöckel:	25–50 kg (Eintrocknungsverhältnis 8:1)
Minze:	20–30 kg Blatt
Ringelblume:	9–15 kg Zungenblüten oder Köpfchen
Salbei:	20 kg (Eintrocknungsverhältnis 5:1)
Spitzwegerich:	40–60 kg (Eintrocknungsverhältnis 7:1)
Wermut:	50 kg
Ysopkraut:	30 kg
Zitronenkatzenminze:	20 kg
Zitronenmelissenblatt:	15–25 kg

Erforderliche Pflanzenanzahl für 100 m² bei angegebenen Pflanzenabständen und Reihenabständen

Reihenabstand	Pflanzenabstand								
	20	25	30	35	40	45	50	55	60
20	2500	2000	1666	1428	1250	1111	1000	909	833
25	2000	1600	1333	1143	1000	889	800	727	666
30	1666	1333	1111	952	833	740	666	606	555
35	1428	1143	952	816	714	635	571	519	476
40	1250	1000	833	714	625	556	500	454	416
45	1111	889	740	635	556	494	444	404	370
50	1000	800	666	571	500	444	400	363	333
55	909	727	606	519	454	404	363	330	303
60	833	666	555	476	416	370	333	303	277

Anforderungen an die Rohware

Der richtige Zeitpunkt des Sammelns und der Ernte richtet sich dabei nach dem betreffenden Pflanzenteil der jeweiligen Pflanze. Die Ernte erfolgt bei Blättern kurz vor der Blüte, bei Blüten zur Zeit der Vollblüte und bei Samen zur Vollreife, kurz bevor die Früchte von selbst abfallen. Wurzeln werden vom Spätherbst bis zum zeitigen Frühjahr geerntet, da zur Zeit der Vegetationsruhe alle Reservestoffe in den Wurzeln eingelagert sind.

Blattkräuter

Aufbereitung der Blattkräuter vor dem Trocknen: Blattkräuter werden spätestens beim Aufblühen der Pflanzen geerntet. Überreife Kräuter sollten nicht zum Trocknen geerntet werden. Nach der Blüte verlieren Pflanzen stark an Geschmack und Wirkstoffgehalt. Blätter, die sich bereits von frischem Grün in Gelbtöne verfärben, sehen auch getrocknet unschön aus und schmecken langweilig. Es dürfen nur saubere und gesunde Pflanzen getrocknet werden. Nur wenn die Pflanzen stark mit Sand und Erde verschmutzt sind, sollten sie vor dem Trocknen gereinigt werden. Das geschieht durch Abbrausen mit kaltem Wasser. Pflanzen, die durch Mehltau oder andere Krankheiten geschädigt sind, werden nicht getrocknet. Das gilt auch für Pflanzen, die von Schädlingen (z. B. Blattläusen) befallen sind.

Bei einigen Blattkräutern lassen sich die Blätter sehr einfach unmittelbar nach der Ernte von den Stielen streifen. Wartet man zu lange, werden die Blätter welk und lassen sich nur noch schwer abstreifen. Das gelingt dann erst wieder nach dem vollständigen Trocknen der Blätter. Blattkräuter, die sich vor dem Trocknen nicht leicht von den Stielen streifen lassen, werden am Trieb getrocknet und anschließend abgerebelt. Das ist zum Beispiel bei Thymian, Liebstöckel und Bohnenkraut der Fall.

Zitronenmelisse, Blätter und Stiel: Zitronenmelisse, Pfefferminze, Apfelminze und viele andere Kräuter werden am besten vor dem Trocknen abgerebelt.

Rebeln: Blätter werden durch eine Gitterkiste oder ein grobes Sieb gerieben, um die Blätter von dem Stängel zu trennen.

Anisysop *(Agastache foeniculum)*

Anisysop (Agastache foeniculum) ist eine attraktive Gartenpflanze; die Blätter duften zart nach Anis, und die Blüten erinnern an Ysop.

Die sehr pflegeleichte und blühfreudige Staude bereichert jeden Garten und wird von vielen wichtigen Insekten als Nahrungsquelle genützt.

Ernte: Kurz vor der Vollblüte werden die großen Blätter von den Trieben gestreift und locker zum Trocknen aufgelegt.

Verwendung: Eisteemischungen, Cocktails, Sirup und Liköre können mit dem feinen Anisgeschmack aromatisiert werden. Aber auch Fruchtsalaten und Blattsalaten verleiht Anisysop eine besondere Note.

Besonderheiten: Anisysop ist weder mit Anis noch mit Ysop verwandt. Der zarte Anisgeschmack ist aber überall dort von Vorteil, wo der intensive Geschmack von echtem Anis zu stark ist. So findet Kräutertee mit Agastacheblättern auch bei Personen seine Freunde, die sonst um Anis einen weiten Bogen machen.

Basilikum *(Ocimum basilicum)*

Das aromatische Basilikumkraut verliert beim Trocknen viel von seinem typischen Geschmack und sollte besser anders konserviert werden.

Ernte: Frische gesunde Blätter werden vor Erscheinen der Blüte geerntet. Die Pflanze bleibt buschig und vital, wenn laufend ganze Triebspitzen abgeschnitten werden und die Pflanze dadurch nicht zur Blüte kommt. Basilikum liebt Wärme und viel Feuchtigkeit und hat hohe Ansprüche an die Nährstoffversorgung des Bodens. Temperaturen unter 10 °C werden schlecht vertragen.

Besonderheiten: Basilikum zählt zu jenen Pflanzen, deren Aroma nach dem Trocknen nicht mit dem der Frischpflanze zu vergleichen ist. Wenn möglich, sollte Basilikum daher anders konserviert werden. Beim Einfrieren bleibt das Aroma besser erhalten, sehr beliebt ist auch die Herstellung von Basilikumpesto.

Bergbohnenkraut *(Satureja montana)*, Gartenbohnenkraut *(Satureja hortensis)*

Ernte: Das Kraut wird zu Blühbeginn, spätestens zur Vollblüte, ungefähr handbreit über dem Boden geschnitten und anschließend zügig getrocknet. Nach dem Trocknen werden die zarten Blättchen von den härteren Stängeln gerebelt.

Verwendung: Bohnenkraut hat ein würzig scharfes und intensives Aroma. Wie der Name schon verrät, passt es besonders gut zu Bohnen und anderen Hülsenfrüchten. Die Verwendung sollte sich aber nicht auf Bohnengerichte beschränken. Es ist ein sehr vielseitiges Würzkraut und kann als Ersatz und Ergänzung von Oregano verwendet werden.

Bergbohnenkraut ist ein sehr vielseitiges Gewürz, das auch getrocknet das volle Aroma behält.

Brennnessel *(Urtica dioica L. und Urtica urens L.)*

Ernte: Die Ernte erfolgt bei ausreichender Wuchshöhe unbedingt noch vor Blühbeginn. Das ganze Kraut wird getrocknet und anschließend von den Stängeln gerebelt.

Verwendung: Die Brennnessel gilt als wertvolle Pflanze zur Anregung des Körperstoffwechsels. Der Tee ist sehr wohlschmeckend.

Besonderheiten: Die Brennnessel verliert durch das Trocknen ihre stark brennende Wirkung. Das Hantieren mit dem getrockneten Kraut ist aber dennoch nicht angenehm.

Duftpelargonie *(Pelargonium graveolens)*

Ernte: Die Blätter dieser beliebten Duftpflanze werden vor der Blütezeit geerntet. Grobe Stängelteile sollten gleich bei der Ernte aussortiert werden, denn sie enthalten nur wenige Aromastoffe und benötigen im Vergleich zu den feinen Blättern viel längere Trocknungszeiten.

Verwendung: Getrocknete Duftpelargonienblätter verleihen Kräuterteemischungen eine besondere Note. Aber auch Säfte, Sirupe und Obstsalate werden durch den feinen Zitronen- und Rosenduft bereichert.

Besonderheiten: Aus Duftpelargonien wird das ätherische Öl gewonnen, welches im Handel unter der Bezeichnung Geranienöl vertrieben wird. Es ist wegen seiner entspannenden und beruhigenden Wirkung sehr beliebt.

Es gibt viele verschiedene Duftpelargonien, die sich bestens zum Trocknen eignen.

Bunter Frühstückstee

Zutaten

100 g Apfelminze
100 g Duftpelargonienblätter
100 g Pfefferminze
10 g Ringelblumenblüten
10 g Kornblumenblüten

Zubereitung

Pro Tasse wird ein Teelöffel dieser Kräutermischung mit kochendem Wasser übergossen und 5–8 min ziehen gelassen. Dabei sollte die Teekanne zugedeckt werden, damit nicht zu viele Inhaltsstoffe entweichen. Diese Teemischung schmeckt köstlich und ist herrlich bunt.

Estragon *(Artemisia dracunculus)*

Ernte: Estragon kann laufend geerntet werden. Durch diesen Ernteschnitt bleibt die Pflanze buschig und verholzt nicht so stark. Das Abzupfen der frischen Blätter ist sehr mühsam und zeitaufwändig. Daher besser ganze Zweige trocknen und anschließend die feinen Blätter von den harten Zweigen rebeln.

Verwendung: Estragon wirkt appetitanregend und fördert die Produktion von Magensaft. Er wird zum Würzen von Soßen und Salaten verwendet und passt gut zu Geflügel, Reis und Fisch. Der bekannte Estragonessig, der mit getrockneten Estragonblättern einfach selbst hergestellt werden kann, ist eine sehr aromatische Grundzutat für Salatdressings. Er ist auch besonders gut für die Zubereitung von Erdäpfelsalaten geeignet.

Estragonessig

Zutaten

50 g getrocknetes Estragonkraut
4 EL Senfkörner
1 l Weißweinessig oder Apfelessig

Zubereitung

Estragonkraut und Senfkörner in ein weithalsiges Gefäß füllen und mit dem Essig übergießen. Gut verschlossen 2 Monate warm, aber vor direkter Sonneneinstrahlung geschützt, reifen lassen. Gelegentlich gut durchschütteln. Danach durch ein sehr feines Sieb oder ein sauberes Küchentuch abseihen und in Flaschen abfüllen.

Besonderheiten: Bei Estragon werden zwei Kulturformen unterschieden: Während der Französische Estragon ausschließlich vegetativ aus Stecklingen vermehrt wird, kann Russischer Estragon auch aus Samen gezogen werden. Als Gewürz und zum Trocknen ist der feine Französische dem Russischen Estragon wegen des viel feineren und stärker ausgeprägten Aromas vorzuziehen. Pflanzen französischer Herkunft haben allerdings höhere Ansprüche an den Standort; sie sollten vor kalten Winden und Spätfrösten geschützt werden. In kalten Gebieten ist ein Winterschutz aus Laub empfehlenswert. Der beste Schutz jedoch ist eine dicke Schneedecke.

Liebstöckel *(Levisticum officinalis)*

Ernte: Der frische Austrieb wird vor Erscheinen der ersten Blütendolden geerntet. Am besten werden die Blätter unmittelbar nach dem Ernteschnitt von den Stielen getrennt und anschließend getrocknet. Die fleischigen Stiele brauchen weit mehr Zeit zum Trocknen als die Blätter und eignen sich wegen der harten Struktur nicht gut zum Würzen.

Verwendung: Bei Beschwerden von Milz, Nieren, Magen, Blase, Herz und Leber ist ein Aufguss aus den Blättern sehr hilfreich. Das sehr beliebte Würzkraut mit dem ausgeprägten Geschmack darf auch in der Küche nicht fehlen: Liebstöckel verleiht Suppen, Saucen und Magenlikören eine kräftige und unverwechselbare Note.

Besonderheiten: Der erste Schnitt im Frühjahr ist besonders aromatisch, feinblättrig und farbintensiv. Daher sollte besonders der Frühjahrsaustrieb zum Trocknen verwendet werden.

Liebstöckelkraut wird seit dem Mittelalter kultiviert; wie schon der deutsche Name verrät, wird es nicht nur als Gewürz verwendet … Wegen seiner stattlichen Größe wird das würzige Kraut als „Herr im Garten“ bezeichnet. Eine Pflanze deckt bei Weitem den Jahresbedarf einer Familie.

Majoran *(Origanum majorana)*

Ernte: Majoran ist nicht winterhart und wird daher einjährig kultiviert. Geschnitten wird, sobald 10 % der Blüten aufgeblüht sind, der Rest aber noch als Knospen geschlossen ist. In wärmeren Gebieten sind bis zu 3 Schnitte pro Jahr möglich. Wenn zu langsam getrocknet wird, verfärben sich die kleinen Blätter dunkel. Nach der Trocknung wird Majoran gerebelt und eventuell gesiebt, um ein einheitliches Gewürz zu erhalten.

Mit Majoran kann überall dort gewürzt werden, wo der intensive und typische Geschmack gut zur Geltung kommen darf und wo seine verdauungsfördernde Wirkung hilfreich ist. Majoran wirkt schleim- und krampflösend sowie schweißtreibend und kann auch als Tee eingesetzt werden.

Besonderheiten: Das beliebte Fleisch- und Wurstgewürz behält auch bei längerer Lagerung seine starke Würzkraft. Oft werden Majoranpflanzen verkauft, die mehrjährig sein sollen. Dabei handelt es sich aber nicht um echten Majoran *(Origanum majorana)*, sondern meist um Oregano *(Origanum heracleoticum)*.

Oregano *(Origanum heracleoticum)*

Ernte: Die Ernte erfolgt zu Beginn der Blüte, aber noch vor der Vollblüte. Die Blättchen werden erst nach dem Trocknen von den Stielen gerieben.
Verwendung: Oregano ist das klassische Pizzagewürz und darf in der italienischen Küche nicht fehlen. Er eignet sich auch zum Verfeinern von Nudelgerichten und Aufstrichen und macht frischen Schafs- oder Ziegenkäse zur mediterranen Spezialität.
Besonderheiten: Bei Oregano lohnt es sich, in Spezialgartenbaubetrieben nach besonderen Sorten und deren Herkunft nachzufragen. Denn es gibt viele verschiedene Formen von Oregano und zum Trocknen sind nur wirklich stark würzige Vertreter dieser Art geeignet.

Petersilie

Petersilie *(Petroselinum crispum)*

Ernte: Die Ernte kann laufend über das ganze Jahr erfolgen. Spätestens wenn sich erste Blätter gelb verfärben, wird 10 cm über dem Boden geschnitten. Wenn unverzüglich und rasch bei 40–45 °C getrocknet wird, bleibt eine tiefgrüne Farbe erhalten. Andernfalls neigt Petersilie beim Trocknen zu einem starken Rückgang des typischen Geschmacks und zur Gelbfärbung der Blätter. Daher ist bei Petersilie die natürliche Trocknung wegen der erforderlichen hohen Trocknungsgeschwindigkeit ausgeschlossen. Hochwertige Trockenpetersilie kann nur durch künstliche Trocknung erzeugt werden. Die Stängelteile werden nach dem Trocknen durch Rebeln und Sieben entfernt.
Verwendung: Neben der Verwendung als universelles Suppen-, Fisch- und Erdäpfelgewürz (Kartoffelgewürz) wird der Petersilie auch eine magenfreundliche und blähungstreibende Wirkung nachgesagt.
Besonderheiten: Auch Samen und Wurzeln der Petersilie können getrocknet und als Gewürz verwendet werden. Das Trocknen der Wurzel erfolgt wie bei der Karotte.

Pfefferminze *(Mentha x piperita)*

Ernte: Der Schnitt der Pfefferminze erfolgt bei ausreichender Blattmasse noch vor Erscheinen der ersten Blüten. Je nach Klima sind mehrere Ernteschnitte pro Jahr möglich. Bei kleineren Erntemengen ist es sinnvoll, die Blätter vor dem Trocknen von den Stielen zu streifen und nur hochwertige Blattware zu trocknen. Gelbe Blätter werden aussortiert. Bei größeren Erntemengen werden die ganzen Triebe getrocknet und später die Blätter von den Stängeln abgerieben. Beim Trocknen darf eine Temperatur von 42 °C nicht überschritten werden.
Verwendung: Minze ist ein vielseitiges Gewürz. Sie wird aber auch wegen ihrer Heilwirkung sehr geschätzt: Anwendungsgebiete sind Darmträgheit,

Krämpfe der Verdauungsorgane, Blähungen und Schnupfen. Kalter Minzentee ist an warmen Sommertagen ein beliebtes Erfrischungsgetränk.
Besonderheiten: Viele Minzen sind sehr einfach zu trocknen und ergeben auch bei nicht optimalen Trocknungsbedingungen befriedigende Ergebnisse.

Neben der echten Pfefferminze eignen sich auch andere Minzen zur Herstellung von Trockenprodukten: Krause Minze, Apfelminze, Braune Minze, Grüne Minze und Orangenminze sind nur eine kleine Auswahl aus der Gruppe der Minzen.

Salbei *(Salvia officinalis)*

Ernte: Die Ernte erfolgt vor dem Aufblühen oberhalb der verholzten Teile. Es sind mehrere Schnitte pro Jahr möglich und als Maßnahme gegen ein zu starkes Verholzen auch anzuraten. Der erste Schnitt wird in den meisten Klimagebieten Anfang Juni sein. Das Entfernen der Stängel ist vor und nach dem Trocknen möglich.
Verwendung: Als Gewürz ist der milde und großblättrige Salbei (Schweizer Salbei oder Salbeisorte „Berggarten") dem schmalblättrigen Salbei vorzuziehen. Er hat ein mildes und weniger harziges Aroma und eignet sich dadurch hervorragend für alle Salbeigerichte. Wer die Heilwirkung des Salbeis nutzen möchte, sollte auf den schmalblättrigen Salbei zurückgreifen. Seine Wirkung bei Entzündungen im Mund und Rachenbereich ist altbekannt. Salbei verspricht auch als Badezusatz bei schlecht heilenden Wunden rasche Hilfe.
Besonderheiten: Salbei verliert rasch an Aroma und muss daher möglichst schnell bei höchstens 45 °C getrocknet werden.

Pfefferminze: Von der Zahnpasta bis zum Kräutertee – die Pfefferminze kann vielseitig verwendet werden.

Großblättriger Salbei für die Küche und schmalblättriger Salbei als Heilpflanze

Spitzwegerich *(Plantago lanceolata)*

Ernte: Geerntet werden die länglichen Blätter vor dem Erscheinen der Blütenstände. Dabei sollen keine gelb verfärbten Blätter mitgeschnitten werden. Schnelles Trocknen bei maximal 50 °C verhindert Verfärbungen der Blätter, für die Spitzwegerich sehr anfällig ist.

Verwendung: Spitzwegerich wird als wohlschmeckender Tee bei Husten und Halsschmerzen sowie bei schmerzenden Entzündungen im Mund und Rachenraum eingesetzt. Ein Sirup aus den getrockneten Blättern schmeckt köstlich und macht die Heilwirkung der Pflanze nutzbar.

Spitzwegerich ist ein altes Hausmittel gegen Husten und Halsweh.

SPITZWEGERICHSIRUP

Zutaten

50 g getrocknetes Spitzwegerichkraut
3 kg Zucker
2 l Wasser
100 g Zitronensäure

Zubereitung

Wasser aufkochen, Zucker und Zitronensäure zugeben und Lösung vom Herd nehmen. Spitzwegerichkraut zugeben und Lösung ungefähr 12 Stunden abgedeckt ziehen lassen. Danach die Kräuter abseihen und den Ansatz etwa 75–80 °C erhitzen. Sobald die Temperatur erreicht ist, in saubere Flaschen abfüllen und verschließen. Flaschen sofort nach Verschließen umlegen, damit auch der Verschluss an der Innenseite zur Keimabtötung durch den heißen Sirup erhitzt wird.

Besonderheiten: Spitzwegerich kann einfach durch Teilung vermehrt werden. Man gräbt dazu einen kräftigen Pflanzenhorst aus, zerteilt ihn in Einzelpflänzchen und setzt diese gleich wieder im Abstand 30 x 30 cm ein.

Süßkraut *(Stevia rebaudiana)*

Die aus Paraguay stammende Pflanze ist in Mitteleuropa nicht winterhart. Stevia hat ähnliche Kulturansprüche wie Basilikum: heiß und feucht. Der Anbau in heimischen Glashäusern und Gärten lohnt sich aber sicher, denn nicht umsonst wird Stevia als Süßkraut bezeichnet. Die Überwinterung sollte möglichst hell bei 15–20 °C erfolgen. Während der Winterruhe darf Stevia nicht zu viel gegossen werden, ein starkes Austrocknen der Erde wird aber auch nicht gut vertragen.

Stevia wird in Südamerika seit Jahrtausenden als Süßstoff verwendet.

Ernte: Ältere Blätter haben einen höheren Süßstoffgehalt als junge Blätter. Daher sollten nur größere, ältere Blätter zum Trocknen geerntet werden. Der Süßstoff Steviosid ist hitzefest bis 200 °C und behält auch beim Trocknen seine ganze Süßkraft.
Verwendung: Die getrockneten Blätter werden in einem Mörser fein zerrieben und wie herkömmlicher Zucker eingesetzt: 2 Teelöffel gemahlene Blätter ersetzen 250 g Rübenzucker.
Besonderheiten: Steviablätter werden im Herkunftsland Paraguay zum Süßen des Matetees verwendet. In Südamerika wird die Pflanze auch wegen ihrer geschmacksverstärkenden Wirkung in süßen und pikanten Gerichten geschätzt.

Stevia-Süßkraut wird als Zierpflanze verkauft. Die süßen Blätter werden in vielen Speisen und Getränken zum Süßen verwendet.

Thymian *(Thymus vulgaris)*

Ernte: Der Schnitt erfolgt kurz vor oder während der Vollblüte. Damit die Pflanzen wieder gut austreiben können, sollte nicht tiefer als 10 cm über dem Boden geschnitten werden. Die ganzen Triebe werden bei maximal 42 °C getrocknet und anschließend abgerebelt.
Verwendung: Neben seiner bekannten Verwendung als Gewürz in der mediterranen Küche ist Thymian auch eine wirksame Heilpflanze bei Husten, Durchfall und Magenverstimmungen. Dazu wird am besten ein Tee aus getrockneten Blättchen zubereitet. Thymian kann auch für ein herrlich duftendes Vollbad verwendet werden. Das ist an kalten Wintertagen eine wahre Wohltat und hilft außerdem bei schlecht heilenden Wunden. Für das Vollbad werden 100 g getrockneter Thymian in 1 l Wasser aufgekocht und nach einer Ziehzeit von 20 min dem Badewasser zugegeben.
Besonderheiten: Neben dem weithin bekannten *Thymus vulgaris* gibt es eine große Anzahl an Formen, Farben und Düften bei Thymian. Man sollte also durchaus weitere Thymianarten ausprobieren! Hier nur einige Beispiele:

Thymian kann als Heilmittel innerlich und äußerlich angewendet werden.

- Zitronen Thymian *(Thymus citriodorus)*
- Orangen-Thymian *(Thymus fragrantissimus* – Orange Balsam)
- Kümmel-Thymian *(Thymus herba barona)*
- Rosen-Thymian *(Thymus ssp.)*

Ysop ist ein ausgezeichnetes Grillgewürz und eine schöne Gartenpflanze. Auf den tiefblauen Blüten sind oft Schmetterlinge und Hummeln zu finden. Selten blüht Ysop auch in Rosa oder Weiß.

Wermut *(Artemisia absinthium)*

Ernte: Die Blätter der Wermutpflanze werden zur Zeit der Vollblüte geerntet. Wenn nur kleine Mengen benötigt werden, können die Blätter direkt von der Pflanze gepflückt werden. Werden größere Mengen benötigt, ist es vorteilhaft, ganze Triebe zu schneiden und die Blätter anschließend von den harten Stielen zu pflücken. Es sollten nur die Blätter und keine holzigen Teile getrocknet werden, da diese andernfalls nach dem Trocknen aussortiert werden müssen. Wermut ist beim Trocknen auch gegen höhere Temperaturen unempfindlich.

Verwendung: Wermut wirkt appetitanregend, verdauungsfördernd und blähungstreibend. Er wird zur Herstellung von Wermutweinen und Kräuterlikören (Absinthschnäpse) eingesetzt und findet auch als Küchengewürz für Lammfleisch und Eintopfgerichte Verwendung. Wegen seines stark bitteren Geschmacks darf Wermut nur in sehr geringen Mengen verwendet werden.

Besonderheiten: Wermut kann wegen seines starken Geruchs auch zur Vertreibung von Motten und anderen Insekten verwendet werden. Er darf niemals gemeinsam mit anderen Ernteprodukten getrocknet werden, da diese sonst das bittere Aroma annehmen!

Ysop *(Hyssopus officinalis)*

Ernte: Ysop wird ab Blühbeginn bis zur Vollblüte geerntet. Er sollte dabei knapp oberhalb der holzigen Stängelteile geschnitten und ohne Zwischenlagerung mit den Stielen getrocknet werden. Nach dem Trocknen bei maximal 42 °C werden die feinen Blättchen abgerebelt.

Verwendung: Ysop ist in der Küche des Mittelmeergebietes unverzichtbar und wird dort zum Grillen von Lammfleisch verwendet. Aber auch Fisch- und Eintopfspezialitäten gewinnen durch die Verwendung von Ysop.

Besonderheiten: Ysop ist eine attraktive Zierpflanze, die besonders von Bienen und Schmetterlingen sehr geschätzt wird. An Standorten, an denen Lavendel nicht gut gedeiht, ist Ysop ein guter Ersatz. Er hat geringere Wärme- und Bodenansprüche und treibt nach einem Rückschnitt besser aus.

Zitronenkatzenminze *(Nepeta cataria ssp. citriodora)*

Ernte: Zitronenkatzenminze ist eine robuste Staude, die intensiv nach Zitrone duftet. Sie wird wie Zitronenmelisse vor dem Aufblühen geschnitten und bei geringen Temperaturen getrocknet. Wenn es beim Trocknen stark nach Zitronen duftet, ist das ein Anzeichen dafür, dass zu viel ätherisches Öl aus der Pflanze entweicht und daher die Trocknungstemperatur gesenkt werden sollte. Die harten Stängel werden am besten noch vor dem Trocknen entfernt.
Verwendung: Verwendet wird der besonders aromatische Tee bei Fieber, Erkältung und Nervosität. Ein köstlicher und sehr wirksamer Entspannungstee kann aus Zitronenkatzenminze und Zitronenmelisse komponiert werden.
Besonderheiten: Zitronenkatzenminze zählt zu den kurzlebigen Stauden und muss daher alle 2 bis 3 Jahre neu ausgepflanzt werden.

Zitronenkatzenminze ist eine uralte Bauerngartenstaude, die heute leider viel zu selten kultiviert wird. Ihr Zitronenduft ist stärker als jener der weit verbreiteten Zitronenmelisse. Zitronenkatzenminze kann durch Stecklinge und Samen vermehrt werden.

Zitronenmelisse *(Melissa officinalis)*

Ernte: Vor Blühbeginn werden die Blätter sofort nach der Ernte vorsichtig von den Stielen abgestreift und locker zum Trocknen aufgelegt. Die Trocknung erfolgt zur Schonung der ätherischen Öle bei niedrigen Temperaturen. Zitronenmelisse kann mehrmals im Jahr geerntet werden.

Wird zu heiß getrocknet, duftet es zwar während der Arbeit sehr erfrischend nach Zitrone, die Droge verliert aber dadurch stark an Aroma und erinnert in der Folge mehr an Heu als an Melisse.
Verwendung: Aus Zitronenmelisse kann ein wohlschmeckender Tee bereitet werden,

Zitronenmelisse zählt zu den beliebtesten Kräutern. Die beruhigende Wirkung dieser Bauerngartenpflanze wird in hektischen Zeiten sehr geschätzt.

der wegen seiner beruhigenden Wirkung sehr beliebt ist. Auch als Badezusatz für ein Entspannungsbad oder als Zutat zur Herstellung von Kräutersäften und -sirups leistet das trockene Kraut gute Dienste.

Besonderheiten: Zitronenmelisseblätter sollten in der ersten Trocknungsphase nur sehr vorsichtig gewendet werden, da jede mechanische Beanspruchung der noch feuchten Blätter zu Braunfärbungen führt, die das trockene Blatt unansehnlich machen. Außerdem verursacht die mechanischen Beschädigungen der Ölzellen einen deutlichen Verlust an den wertvollen ätherischen Ölen.

Zitronenmelisse darf beim Trocknen nur sehr vorsichtig gewendet werden. Starke mechanische Einwirkungen führen zu Braunfärbungen der Blätter.

Zitronenkräutertee

Zutaten

100 g Zitronenmelisse
100 g Zitronenkatzenminze
100 g Zitronenverbene

Zubereitung

Pro Tasse wird ein Teelöffel dieser Kräutermischung mit kochendem Wasser übergossen und 5–8 min ziehen gelassen. Dabei sollte die Teekanne zugedeckt werden, damit nicht zu viele Inhaltsstoffe entweichen. Diese Kräutermischung verströmt ein sehr feines Zitronenaroma und schmeckt als Eistee gut gekühlt sehr erfrischend.

Zitronenverbene *(Aloysia citriodora, Lippia citriodora)*

Auch die schonend getrockneten Blätter der Zitronenverbene (Aloysia citriodora, Lippia citriodora) behalten den feinen Zitronengeschmack.

Ernte: Die aus Südamerika stammende Pflanze ist in Mitteleuropa nicht winterhart. Sie verträgt einen Rückschnitt, der kurz vor der Blüte durchgeführt werden sollte, sehr gut. Die Pflanze wird dadurch buschig und verholzt weniger. Dabei anfallende Triebe sollten keinesfalls verworfen werden: Besser ist es, sie zu trocknen und anschließend die Blätter von den holzigen Stielen zu streifen.

Verwendung: Die Zitronenverbene schmeckt, wie der Name verrät, nach Zitrone und ist als Kräutertee bei Kindern und Erwachsenen sehr beliebt.

Besonderheiten: Im Winterquartier (hell bei Temperaturen zwischen 0 bis +8 °C) verliert der Strauch seine Blätter und treibt im Frühjahr wieder frisch aus.

Wurzeln

Erntezeit von Wurzeln: Die Ernte von Wurzeln erfolgt zur Zeit der Vegetationsruhe von November bis zum zeitigen Frühjahr. In dieser Zeit sind die wichtigen Inhaltsstoffe als Reservestoffe in der Wurzel gespeichert.

Bei Beginn des Austriebes werden Inhaltsstoffe aus der Wurzel in den Trieb verlagert. Ab diesem Zeitpunkt ist eine Ernte der Wurzel nicht mehr sinnvoll!

Vor der Ernte werden oberirdische Pflanzenreste wie Stängel und Blätter sorgfältig entfernt. Bei kleinen Mengen kann das mit einer Schere geschehen, bei größeren Beständen bringt ein Rasenmäher, bei Feldbeständen ein Mulcher eine große Arbeitserleichterung. Die Ernte der Wurzeln sollte bei trockenem Wetter und abgetrocknetem Boden erfolgen. Andernfalls ist mit einem höheren Aufwand bei der Reinigung der Wurzeln zu rechnen.

Aufbereitung der Wurzeln vor dem Trocknen: Die Wurzeln sollten unbedingt vor dem Zerteilen gründlich mit kaltem Wasser gewaschen werden. Wenn bereits klein geschnittene Wurzeln gewaschen werden, besteht die Gefahr, größere Mengen an Inhaltsstoffen über die Schnittstellen auszuspülen.

Dünne Wurzeln (bis Bleistiftstärke) können unzerteilt getrocknet werden, dicke Wurzeln oder Wurzelstöcke (z. B. Alantwurzeln) werden gespalten und in Scheiben geschnitten. Wurzeln und Rhizome dürfen nie geschält werden, da viele Wirkstoffe in oder direkt unter der Rinde gespeichert werden!

Alant *(Inula helenium)*

Vorbereitung und Trocknung: Die Wurzelstöcke werden gespalten in Scheiben geschnitten. Trocknungstemperatur 50 °C.

Verwendung: Alantwurzel findet bei Erkrankungen der Atmungsorgane Verwendung.

Besonderheiten: Die Alantwurzel darf nur in Holz- oder Glasbehältern gelagert werden. In Blechdosen scheidet die getrocknete Wurzel Alantkampfer aus und wird dadurch unansehnlich.

Kräftige Wurzelstöcke werden vor dem Trocken zerkleinert; bei größeren Mengen kann dies auch mit einem Gartenhäcksler durchgeführt werden.

Alant zählt zu den sehr großen Gartenpflanzen und erreicht eine Höhe von bis zu 2 m. Wegen ihrer Heilwirkung wird die Wurzel ausgegraben und getrocknet.

Baldrian *(Valeriana officinalis)*

Ernte: Der Wurzelstock wird bei trockenem Boden ausgegraben und anhaftende Erde schon im Garten oder auf dem Feld durch Abklopfen so gut wie möglich entfernt. Anschließend werden die Wurzelstöcke geteilt, um auch Erdreste und Steine zwischen den feinen Wurzeln zu entfernen. Nach gründlichem Ausspülen feinster Sandkörner können die dünnen Wurzeln getrocknet werden. Trocknungstemperatur 30 bis 50 °C.
Verwendung: Baldriantee wirkt beruhigend, krampflösend und fördert den Schlaf.

Eibischblüte: Eibischwurzeln sind ein bewährtes Hausmittel gegen Halsschmerzen und Heiserkeit.

Eibisch *(Althea officinalis)*

Ernte: Nach dem Ausgraben werden die Wurzelstöcke gründlich gereinigt und anschließend zerkleinert. Sofort nach dem Zerkleinern muss rasch und sorgfältig getrocknet werden, denn die Eibischwurzel schimmelt leicht. Trocknungstemperatur 50 °C. Die Wurzel ist erst dann lagerfähig, wenn sie zerbrochen werden kann.
Verwendung: Bei Husten, Heiserkeit und Entzündungen im Rachen wird Eibischtee schon seit dem Mittelalter erfolgreich eingesetzt.
Besonderheiten: Tee aus getrockneten Eibischwurzeln wird kalt angesetzt; dazu werden 2 TL Eibischwurzeln mit 250 ml kaltem Wasser übergossen und 30 min unter gelegentlichem Umrühren stehen gelassen. Nach anschließendem Abseihen wird der Tee auf Trinktemperatur angewärmt und in kleinen Schlucken getrunken.

Wenn Eibischwurzeln zu stark erwärmt oder gar gekocht werden, verkleistert die Stärke. Das vermindert die Wirksamkeit!

Gelber Enzian *(Gentiana lutea)*

Ernte: Zur Schnaps- und Likörherstellung wird die Enzianwurzel im Spätherbst geerntet. Für die Verwendung als Heilmittel sollte die Wurzel noch vor dem Austrieb erst im zeitigen Frühjahr ausgegraben werden. Der bis zu 4 kg schwere Wurzelstock wird nach dem Ausgraben gereinigt und in gleich große Stücke zerteilt. Bei größeren Mengen kann dafür wie bei allen Wurzeln ein Gartenhäcksler verwendet werden.
Verwendung: Zur Herstellung des echten Enzianschnapses, der in den alpinen Regionen Österreichs und Bayerns große Bekanntheit genießt, wird die frische Wurzel vergoren und anschließend destilliert. Aber auch die getrocknete Wurzel kann als intensiver Bitterstoff für Magenbitter und Kräuterliköre verwendet werden. Gegen Appetitlosigkeit und Magenbeschwerden wird Enzian eine halbe Stunde vor der Mahlzeit eingenommen.
Besonderheiten: Enzian wächst sehr langsam und kann daher frühestens nach vier Jahren geerntet werden.

Gelber Enzian steht unter Naturschutz und darf daher in freier Natur nicht ausgegraben werden. Der Anbau erfordert viel Geduld, da frühestens erst nach vier Jahren geerntet werden kann. Enzian ist nicht einfach zu kultivieren und erfordert viel Erfahrung im Gartenbau.

Der Wurzelstock von Enzian kann mehrere Kilogramm schwer sein.

Früchte und Samen

Früchte und Samen werden in vollreifem Zustand geerntet. Sie lösen sich dann leicht von der Pflanze. Damit bei der Ernte nicht zu viele Samen von selber abfallen und verloren gehen, sollten noch taunasse Samen am zeitigen Morgen geerntet werden. Diese müssen unverzüglich zum Trocknen aufgelegt werden, sonst besteht die Gefahr des Verschimmelns. In vielen Samen sind ätherische Öle enthalten. Daher darf die Temperatur bei der Trocknung 45 °C nicht übersteigen. Damit Samen und Früchte gleichmäßig und zuverlässig durchtrocknen, dürfen sie nur wenige Zentimeter dick aufgeschichtet werden. Regelmäßiges Durchrühren und Wenden verkürzt die Trocknungszeit. Zu feinmaschige Netze auf den Trocknungsgittern verhindern große Verluste der häufig sehr kleinen Samen. Früchte und Samen sollten im Ganzen gelagert werden. Erst unmittelbar vor der Verwendung werden sie zerkleinert. Bei längerer Lagerung ist auf eine Restfeuchte von maximal 12 % zu achten.

Bei Samen darf die Trocknungstemperatur 45 °C nicht übersteigen.

Anis *(Pimpinella anisum)*

Große Trockensiebe werden mit feinmaschiger Gaze (z. B. Insektengitter) abgedeckt, damit kleine Samen nicht durchrieseln.

Anis ist eine einjährige Pflanze aus der Familie der Doldenblütler mit hohen Wärmeansprüchen.

Ernte: Geerntet werden die vollreifen Samen im Herbst.

Verwendung: als Brotgewürz, für Kleingebäck und in vielen Likören.

Besonderheiten: Genauso wie Fenchel und Kümmel zeigt Anis sehr gute Wirkung gegen Blähungen und ist daher auch in vielen Stilltees enthalten. Fenchel, Kümmel und Anis sollten gegen Bauchschmerzen in keiner Hausapotheke fehlen. Der typische Anisgeschmack ist aber nicht jedermanns Sache.

Dillsamen *(Anethum graveolens)*

Ernte: Dillsamen werden in vollreifem Zustand kurz vor dem Ausfallen geerntet.

Verwendung: Frisches Dillkraut verliert beim Trocknen sehr stark an Aroma. Dillsamen bietet sich als geeigneter Ersatz an. Dillsamen werden fein gemahlen oder im Mörser zerrieben und können dann wie Dillkraut eingesetzt werden: Gemüsegerichte, Salate und Suppen erhalten das typische Dillaroma auch durch die Samen. Außerdem werden Dillsamen zur Herstellung von Kräuterlikören verwendet.

Engelwurz *(Angelika archangelica)*

Von der Engelwurz können Blätter, Stängel, Samen und Wurzeln verwendet werden.

Ernte: Die Samen der Engelwurz werden im zweiten Standjahr gebildet und sind erntereif, wenn sie schon fast von selbst von der Pflanze abfallen. Sie sind dann hell- bis dunkelbraun und haben einen feinaromatischen Duft.

Verwendung: Die Samen werden zermahlen und bieten in der Küche sehr viele Anwendungsmöglichkeiten: sie verleihen Salaten, Soßen, Suppen und Likören ein ganz typisches Aroma, das ein wenig an Dill erinnert. Engelwurz wirkt verdauungsfördernd und hilft bei Appetitlosigkeit und Blähungen.

Besonderheiten: Die Engelwurz ist eine zweijährige Pflanze, die nach Ausreifung der Samen abstirbt. Daher muss der Bestand jährlich erneuert werden, um fortlaufend ernten zu können. Die Anzucht erfolgt aus reifen Samen, die allerdings nur sehr kurz keimfähig sind. Man säht daher am besten gleich nach der Ernte wieder aus. Die Keimung dauert ca. drei Wochen, dann wachsen sehr schnell kräftige Jungpflanzen heran.

Samen der Engelwurz: Die Engelwurz ist eine stattliche Gartenpflanze. Ihre Samen können in der Küche und als Heilmittel vielseitig eingesetzt werden. Da sie im Handel sehr selten erhältlich sind, lohnt sich ein Anbau im eigenen Garten.

Das sollten Sie beachten

Engelwurz besitzt photosensibilisierende Eigenschaften. Das heißt, nach einem Kontakt der Haut mit dem Saft der frischen Pflanze kann es unter Einwirkung von Sonnenlicht zu Hautreizungen kommen. Das kann von leichten Rötungen bis hin zu starker, schmerzender Bläschenbildung reichen. Die Reizung ähnelt einer Hautverbrennung.

Kräutersalz für Fisch

Zutaten

20 g getrocknetes Petersilienblatt
20 g getrocknete Engelwurzsamen
10 g getrocknete Dillsamen
10 g getrocknetes Ysopkraut
10 g getrocknetes Liebstöckelkraut
400 g Speisesalz

Zubereitung

Alle Zutaten werden mit einer Küchenmaschine gemischt oder mit einem Mörser fein vermahlen. Wichtig ist, dabei Salz und Kräuter gleichzeitig zu vermahlen, da das Salz die beim Zerkleinern frei werdenden Aromastoffe bindet. Das fertige Gewürzsalz sollte luftdicht aufbewahrt werden.

Gewürzfenchel *(Foeniculum vulgare)*

Fenchelfrüchte sollten nach der Ernte rasch getrocknet werden. Andernfalls besteht die Gefahr des Verschimmelns.

Ernte: Fenchelfrüchte reifen sehr spät, daher ist die Kultur nur in Gebieten mit warmen, trockenen Herbsttagen sinnvoll. Die Ernte kann dann erfolgen, wenn sich die Fenchelfrüchte deutlich grau-grün verfärben. Fenchel ist ausdauernd und kann über mehrere Jahre geerntet werden.
Verwendung: Fenchelfrüchte werden als Gewürz für Brot und Gebäck sowie als Zutat in Marinaden bei der Gemüseverarbeitung verwendet. In der Medizin hilft Fenchel gegen Krämpfe und Blähungen und wird Teemischungen für Kinder als appetitanregende Zutat beigegeben.

Koriander *(Coriandrum sativum)*

Ernte: Koriander ist einjährig und liebt warme Standorte. Geerntet wird im Hochsommer, sobald sich die Früchte deutlich braun verfärben und beim Rütteln von der Pflanze abfallen.
Verwendung: Koriander ist ein sehr vielseitiges Gewürz mit unzähligen Verwendungsmöglichkeiten. Er verleiht Brot, Kuchen und Lebkuchen ein besonderes Aroma, wird aber auch in Wurstwaren und Getränken verwendet.

Kümmel *(Carum carvi)*

Ernte: Sobald sich die Kümmelfrüchte braun färben und bei Fingerdruck deutlich hart anfühlen, können sie geerntet werden.
Verwendung: Neben der Verwendung als Gewürz wird Kümmel in der Medizin bei Magen-, Darm- und Gallenbeschwerden verwendet. Er hat eine beruhigende Wirkung und fördert die Verdauung.

Brotgewürz

Zutaten (für 1,5 kg Brotteig)

10 g Kümmel
5 g Fenchel
5 g Koriander
10 g Anisysop-Blätter (fein zerrieben)
30 g Salz

Zubereitung

Gewürze gemeinsam mit dem Salz in einem Mörser mahlen. Diese Mischung sollte in gut verschließbaren Gefäßen aufbewahrt werden. Noch besser ist es, die Mischung immer frisch zuzubereiten. Dazu werden die Gewürze gemeinsam mit dem Getreide vermahlen.

Blüten

Erntezeit von Blüten: Blüten werden geerntet, wenn sie voll aufgeblüht sind. Die beste Tageszeit ist rund um Mittag, wenn der Morgentau ganz abgetrocknet ist.

Aufbereitung der Blüten: Es werden ganze Blüten, Blütenköpfchen oder nur die Zungenblüten getrocknet. Blüten müssen sofort nach der Ernte locker zum Trocknen aufgelegt werden. Wegen des geringen Wassergehaltes sind sie bis auf einige Ausnahmen (z. B. Ringelblumenblüten und andere) sehr schnell trocken. Abgezupfte Zungenblüten ohne Blütenboden können sehr einfach ohne technische Hilfsmittel in der warmen Sommerluft getrocknet werden. Aber auch dabei ist zu beachten, dass direkte Sonnenbestrahlung zum Ausbleichen führt.

Blüten sollten gegen Mittag geerntet werden.

Goldmelisse *(Monarda didyma)*

Ernte: Es werden regelmäßig die stark duftenden Zungenblüten abgezupft. Das Auszupfen kann über den ganzen Sommer erfolgen, denn es wachsen ständig neue Zungenblüten nach. Die getrockneten Zungenblüten müssen sehr sorgfältig vor Luftfeuchte geschützt gelagert werden, denn sie sind stark feuchtigkeitsanziehend.

Verwendung: Die Blüten bereichern mit ihrem ausgeprägten Geschmack und der dunkelroten Farbe jede Kräuterteemischung. Sie eignen sich auch gut zur Herstellung eines Sirups, der besonders bei Kindern beliebt ist.

Besonderheiten: Auch die Blätter der Goldmelisse haben einen intensiven Geschmack und können als Tee und zur Herstellung anderer Produkte verwendet werden.

Goldmelissen-Zungenblüten frisch und getrocknet; je öfter die Blüten abgezupft werden, umso mehr wachsen nach!

Goldmelissensirup

Zutaten
50 g getrocknete Goldmelissenblüten
50 g getrocknete Blätter der Goldmelisse
6 kg Zucker
6l Wasser
100 g Zitronensäure

Zubereitung
3 kg Zucker im kalten Wasser auflösen und Goldmelissenblüten zugeben. 2 Tage abgedeckt ziehen lassen. In dieser Zeit mehrmals mit einem sehr sauberen Kochlöffel umrühren. Danach die Blüten abseihen und den Ansatz mit dem restlichen Zucker auf etwa 75 °C erhitzen. Sobald die Temperatur erreicht ist, in saubere Flaschen abfüllen und verschließen. Flaschen sofort nach Verschließen umlegen, damit auch der Verschluss an der Innenseite zur Keimabtötung durch den heißen Sirup erhitzt wird.

Holunderblüten *(Sambucus nigra)*

Ernte: Holunderblüten werden geerntet, sobald alle Einzelblüten einer Dolde geöffnet sind. An einem sonnigen Tag um die Mittagszeit ist die beste Zeit zur Ernte, denn dann sind die Blüten trocken. Zum weiteren Trocknen müssen die ganzen Dolden abgeschnitten und auf ein sehr feines Sieb gelegt werden. Die Blüten sollten nicht braun werden, dazu ist ein rasches Trocknen bei niedrigen Temperaturen erforderlich. Bei natürlicher Trocknung mit wenig Luftbewegung werden die Blüten zwar auch trocken, dies geht aber oft auf Kosten der hellen gelben Farbe. Nach dem Trocknen werden die Blüten vorsichtig von den Dolden gerieben. Dazu müssen die Blüten ganz trocken sein, die Dolden können noch leicht feucht sein.

Holunderblüten trocknen schnell, bleiben aber nur bei künstlicher Trocknung hellgelb.

Trocknung: Damit Holunderblüten beim Trocknen nicht braun werden, müssen sie sehr schnell, aber bei möglichst niedriger Temperatur, getrocknet werden. Das ist nur dann zu erreichen, wenn für starke Luftbewegung gesorgt werden kann. Die geforderten Bedingungen sind auf Haushaltsdörrgeräten zu erfüllen. In Backöfen oder bei natürlicher Trocknung ist ausreichende Luftbewegung nicht zu erreichen. Daher sind diese Varianten beim Trocknen von Holunderblüten nicht geeignet.

Verwendung: Holunderblütentee, heiß getrunken, gilt als schweißtreibend und fiebersenkend. Die Blüten leisten auch gute Dienste, um Kräutertees geschmacklich aufzuwerten.

Kamille *(Matricaria chamomilla)*

Kamille ist eine der bekanntesten Heilpflanzen und wird bei einer Vielzahl von Krankheiten und Verletzungen angewendet.

Ernte: Der optimale Zeitpunkt für die Ernte ist dann erreicht, wenn sich auch im letzten Drittel des gewölbten Blütenbodens die Röhrenblüten öffnen. Bei späterer Ernte geht der Gehalt an ätherischem Öl und Chamazulen zurück (Pelzmann, S. 195).
Trocknung: Die Trocknung dauert bei maximal 35–42 °C 24 Stunden. Es muss darauf geachtet werden, dass nicht nur die Röhrenblüten selbst, sondern auch der ganze Blütenboden vollkommen trocken wird!
Verwendung: Kamille zählt zu den bekanntesten Heilmitteln und wird seit dem Altertum verwendet. Ein Tee aus den Blüten hilft bei Beschwerden im Magen-Darmbereich und wird besonders bei Gastritis und Magengeschwüren empfohlen. Äußerlich kann Kamillentee bei Entzündungen und schlecht heilenden Wunden Abhilfe schaffen.

Das sollten Sie beachten

Heißer Kamillentee wirkt anregend. Daher sollte er vor dem Schlafen lauwarm getrunken werden.

Kornblume *(Centaurea cyanus)*

Kornblumen waren früher sehr häufig gemeinsam mit Mohn und Kamille als Begleitpflanzen in Getreidefeldern zu finden. Heute ist sie nur mehr sehr selten anzutreffen. Ursachen dafür sind Spritzungen der Getreidefelder mit chemischen Unkrautvernichtungsmitteln, aber auch die verbesserte Ernte- und Reinigungstechnik des Getreides. Dadurch haben die Samen der Kornblume kaum Chancen, auf den Feldern zu keimen. Daher lohnt sich ein Anbau der Kornblume im Garten besonders: Sie wird vor dem Aussterben bewahrt und bereichert die Landschaft mit ihren schönen blauen Blüten.
Ernte: Ab Blühbeginn im Frühsommer werden mehrmals wöchentlich ganze Blütenköpfchen abgezupft.

Trocknung: Sehr schnelle Trocknung bei hohen Temperaturen (60 °C) sind Voraussetzungen, damit die Blütenköpfchen ihre intensive Farbe behalten und nicht ausbleichen.
Verwendung: Kornblumenblüten werden als sogenannte „Schmuckdroge" in Teemischungen eingesetzt: Durch ihre leuchtend blaue Farbe verleihen sie Teemischungen ein buntes Aussehen. Weitere Pflanzen, die als Schönungsdrogen Verwendung finden, sind: Sonnenblume *(Helinathus annuus)*, Studentenblume *(Tagetes erecta)* und Malve *(Malva sylvestris)*.

Lavendel
(Lavandula angustifolia)

Obwohl Lavendel kalkreiche Standorte bevorzugt, wächst er auf fast allen Böden, wenn diese eher trocken sind und keine Staunässe aufweisen. Stark gedüngte Flächen sind nicht geeignet, da die Pflanzen auf diesen Standorten keine ausreichende Winterhärte ausbilden und daher nicht frostfest sind.
Ernte: Die Triebe werden geerntet, wenn die meisten Röhrenblüten aufgeblüht sind. Dabei kann auch ein Teil des Stieles mitgeschnitten werden, keinesfalls jedoch sollte bis in den holzigen Teil der Pflanze geschnitten werden. Aus dem holzigen Teil kann Lavendel kaum mehr neue Triebe bilden. Ein kräftiger Rückschnitt im Frühjahr verhindert ein Verkahlen der Lavendelpflanzen.
Trocknung: Die Trocknung der Blüten auf den Stielen erfolgt wegen der ätherischen Öle bei geringen Temperaturen. Nach dem Trocknen werden die Blüten von den Stielen gerieben, wenn sie als Gewürz oder für Teemischungen verwendet werden sollen. Für Duftsträuße, Kränze oder in der Herstellung von Trockengestecken müssen die Blüten an den Stielen bleiben.

Getrocknete Kornblumenblüten sind ein bunter Bestandteil in Teemischungen und werden daher als „Schmuck- oder Schönungsdroge" bezeichnet.

Lavendelblüten werden mit den Stielen getrocknet und erst dann abgerieben.

Mit Lavendelblüten kann Kristallzucker aromatisiert werden.

Lavendelblütenzucker

Zutaten

2 Tassen getrocknete Lavendelblüten ohne Stiele
1 Tasse Feinkristallzucker

Zubereitung

Lavendelblüten und Zucker gemeinsam in ein gut verschließbares Glas füllen und vier Wochen ziehen lassen. Anschließend den Zucker von den Blüten absieben und gut verschlossen aufbewahren. Nach diesem Rezept können auch mit anderen getrockneten Pflanzen aromatische Zuckervariationen hergestellt werden! Rosenblütenzucker, Pfefferminzzucker und Goldmelissenzucker sind nur einige Beispiele für kreative Zuckerkreationen.

Ringelblumen *(Calendula officinalis)*

Die Ringelblume darf in keinem echten Bauerngarten fehlen. Sie wird wegen ihres Aussehens und der zuverlässigen Wirkung seit jeher geschätzt und kultiviert.

Die uralte einjährige Heilpflanze ist auch heute noch in vielen Gärten anzutreffen. Sie belohnt den Gärtner mit üppiger Blütenfülle, wenn regelmäßig die Blütenköpfchen ausgebrochen werden und dadurch die Ausbildung von Samen verhindert wird.

Ernte: Ab der Vollblüte sollten mehrmals in der Woche die vollständig geöffneten Blüten abgezupft werden. Zur Gewinnung reiner Zungenblüten werden diese sofort nach der Ernte aus den Blütenkelchen gezupft und anschließend getrocknet. Zungenblüten ohne Kelch können durch natürliche Trocknung haltbar gemacht werden. Soll auch der Kelch getrocknet werden, reicht die Trocknung natürlich nicht aus. Es kann dann mit Dörrgeräten oder anderen Einrichtungen nachgeholfen werden. Aber auch auf diese Weise trocknen Ringelblumenblüten sehr langsam. Nach der Trocknung ganzer Köpfchen können die Kelche zur Gewinnung reiner Blütenblätter abgerebelt werden.

Trocknung: Bei 80 °C Trocknungstemperatur bleibt die Farbe am besten erhalten.

Verwendung: Ringelblumenzungenblüten sind eine bunte Schmuckdroge in Kräuterteemischungen. Weiters können die Blüten zum Dekorieren von Speisen und Getränken verwendet werden. Als Heilpflanze ist die Ringelblume wegen ihrer entzündungshemmenden Wirkung bekannt; sie wird bei schlecht heilenden Wunden und Erkrankungen der Haut eingesetzt.

Ganze Ringelblumenblütenköpfchen trocknen sehr langsam. Aber auch bei abgezupften Zungenblüten ist der Einsatz von Dörrgeräten zu empfehlen.

Ringelblumenbalsam

Zutaten

5 g getrocknete Ringelblumenblüten
100 g Eucerin (= gereinigtes Wollfett vom Schaf; in der Apotheke erhältlich)

Zubereitung

Eucerin im Wasserbad schmelzen und Ringelblumenblüten einrühren. Topf von der Kochstelle nehmen und Blüten 24 Stunden im Fett extrahieren (= ausziehen lassen). Das Wollfett wird dabei wieder fest. Nach der Extraktionszeit Eucerin erneut erhitzen und Ringelblumenblüten abseihen. Den flüssigen Ringelblumenbalsam in Salbendosen füllen und aushärten lassen. Kühle Lagerung verlängert die Haltbarkeit!

Obst

Kernobst

Steinobst

Beerenobst

Wildobst

Obst aus fernen Ländern

Anforderungen an die Rohware

Früchte, die getrocknet werden sollen, müssen von bester Qualität sein. Schlechte Ausgangsprodukte bewirken ein unbefriedigendes Ergebnis nach der Trocknung. Das Obst darf nicht überreif und keinesfalls schimmelig sein. Leichte Schalenfehler hingegen stören die Qualität der Trockenfrüchte nicht. Vor dem Trocknen werden alle Früchte sorgfältig gereinigt. Kerngehäuse, Kerne, Steine und Stiele werden entfernt. Das Schälen ist nur dann notwendig, wenn Schalen mit chemischen Pflanzenschutzmitteln behandelt wurden. Bei Bioobst kann auf das Schälen verzichtet werden. Das gilt besonders für Äpfel und Birnen: Bei diesen Früchten enthält die Schale viele Geschmackstoffe, die dem Trockenobst ein besonderes Aroma verleihen!

Obst sollte immer mit der Schnittfläche nach oben aufgelegt werden, das erleichtert die Wasserabgabe an die Trocknungsluft. Es dürfen daher auch niemals mehrere Lagen von Früchten direkt aufeinandergeschichtet werden. Nebeneinander dürfen sich die frischen Früchte berühren, denn durch den Wasserverlust beim Trocknen schrumpfen die Früchte und berühren einander schon bald nicht mehr.

Farbveränderungen und Bräunen

Besonders bei geschnittenem Obst tritt durch den Sauerstoffgehalt der Luft häufig eine je nach Obstart und Sorte verschieden starke Bräunung des Fruchtfleisches auf. Das wird in Betrieben, die auf das industrielle Erzeugen von Trockenobst spezialisiert sind, häufig durch den Einsatz ver-

Zum Trocknen nur bestes Tafelobst verwenden

schiedener chemischer Substanzen verhindert. Zum Einsatz kommen neben Zucker und Salz auch Zitronen- und Ascorbinsäure sowie Schwefel. In diesem Buch wird aber nicht näher auf die Verwendung chemischer Zusätze eingegangen, da leichte Bräunungen lediglich optische Veränderungen verursachen und keine Qualitätseinbußen des fertigen Produktes darstellen. Chemische Zusatzstoffe, im Besonderen schwefelige Säure, mindern zweifellos den gesundheitlichen Wert des Trockenproduktes. Gerade in der Direktvermarktung wird der Konsument bei entsprechender Aufklärung das unbehandelte Produkt als wertvoller erkennen und leichte Bräunungen akzeptieren.

Bei nur leichten Bräunungen kann man beim Trocknen ganz auf chemische Zusatzstoffe verzichten.

Bei der Vorbereitung muss darauf geachtet werden, Fruchtstücke von annähernd gleicher Größe zu erhalten. Nur dann werden gleiche Trockenzeiten für das gesamte Trockengut erreicht.

Einheimisches Kernobst

Äpfel

Nicht alle Apfelsorten eignen sich gleich gut zum Trocknen.

Rohware: Mehlige Äpfel und überreife Früchte eignen sich nicht zum Trocknen. Das Fruchtfleisch muss fest sein und darf keine Druckstellen aufweisen. Zum Trocknen eignen sich folgende Sorten besonders gut: ‚Elstar', ‚Rubinnette', ‚Kronprinz Rudolf' und andere säuerliche Sorten. Diese werden auch ohne zusätzliche Behandlung beim Trocknen durch den fruchteigenen Säuregehalt nicht braun. Säuerliche Äpfel schmecken auch als Trockenobst vorzüglich. Die säurearme Apfelsorte ‚Golden Delicious', um ein Beispiel zu nennen, wird beim Trocknen braun und schmeckt als Trockenobst nicht sehr aufregend. Gerade beim Apfel, bei dem man sich in letzter Zeit wieder ver-

Getrocknete Apfelringe aus heimischen Früchten schmecken köstlich und sind gesund.

stärkt an alte Sorten erinnert und diese vor dem Aussterben bewahrt, lohnen sich Experimente beim Trocknen: Sortenreines Trockenobst kann bei informativen Verkostungen präsentiert werden!

Vorbereitung: Am besten gelingt das Trocknen, wenn das Kerngehäuse ausgestochen wird und anschließend die Äpfel in ca. 5 mm dicke Ringe oder kleine Spalten geschnitten werden. Gleichstarke Ringe können gut mit einer Brotschneidemaschine geschnitten werden. Damit die Äpfel gleichmäßig trocknen, ist es wichtig, dass alle Scheiben oder Stücke gleich dick sind. Da die Schale sehr viele wertvolle Inhaltsstoffe enthält, ist es sinnvoll, die Äpfel nicht zu schälen. Eine Behandlung der geschnittenen Apfelscheiben mit Zitronensaft oder Zitronensäure zur Verhinderung von Verfärbung des Fruchtfleisches kann dann entfallen, wenn eine geeignete Sorte auswählt und sehr rasch getrocknet wird.

Äpfel mit unbehandelter Schale müssen vor dem Trocknen nicht geschält werden.

Trocknung: Die Trocknungstemperatur sollte bei 60 °C liegen. Von 1 kg Frischäpfeln bleiben nach dem Wasserentzug ca. 100 g Trockenäpfel über. Das Eintrocknungsverhältnis beträgt also 1:10. Die Trockenzeit ist stark von der Größe der Fruchtstücke, der Luftbewegung und der Temperatur abhängig. Ab 12–15 % sind Trockenäpfel haltbar. Sie sind dann noch weich und biegsam, beim (Um-)Knicken tritt aber keine Feuchtigkeit mehr aus. Werden knusprige Apfelchips erzeugt, muss bis auf ca. 7 % Restfeuchte getrocknet werden. Die Apfelscheiben sind dann hart und können zerbrochen werden.

Apfelringe mit Schokolade

Zutaten

Getrocknete Apfelringe
Weiße oder schwarze Kuvertüre

Zubereitung

Getrocknete Apfelringe in geschmolzene Kuvertüre tauchen und auf einem Kuchengitter abtropfen lassen. In durchsichtige Säckchen verpackt, eignet sich diese hausgemachte Köstlichkeit als besonderes Geschenk.

Dörräpfel mit Zimt und Zucker

Zutaten

Getrocknete Äpfel
Gemahlener Zimt
Staubzucker (Puderzucker)

Zubereitung

Gleiche Teile Zimt und Zucker miteinander verrühren. Getrocknete Äpfel in der Zimt-Zucker-Mischung wälzen und überschüssigen Zucker anschließend abklopfen.

Eine Apfelschälmaschine ist nicht teuer und erleichtert das Schälen großer Mengen beträchtlich. Mit diesem Gerät können Äpfel an einem Arbeitsgang geschält und in Ringe geschnitten werden. Gleichzeitig wird auch das Kerngehäuse ausgeschnitten. Die Schalen sollten nicht weggeworfen werden; sie können ebenfalls getrocknet und als Apfelschalentee verwendet werden.

Apfelschälmaschine

Birnen

In ländlichen Gebieten Deutschlands und in Österreich hat das Trocknen von Birnen eine lange Tradition. Diese Dörrbirnen, Kletzen oder Hutzeln genannt, haben besonders rund um Weihnachten Süße in das Leben gebracht, insbesondere in jenen Zeiten, als die Verwendung von Zucker noch nicht selbstverständlich war. Die Dörrbirnen wurden roh genascht oder in diversen Mehlspeisen verarbeitet. Bis heute ist das traditionelle Kletzenbrot sehr beliebt.

Getrocknete Birnen werden in Österreich als Kletzen oder Hutzeln bezeichnet. Sie sind eine wichtige Zutat für das Kletzenbrot.

Kletzenbrot

Zutaten

250 g Kletzen (Dörrbirnen), 230 g Feigen, 110 g Dörrzwetschken, 80 g Rosinen, 25 g grob gehackte Haselnüsse, 75 g Mandeln (halbe Stücke), 30 g in kleine Würfel geschnittenes Orangeat, 20 g Zitronat in Würfeln, 5 cl Rum, 500 g Schwarzbrotteig, 50 g Zucker, 10 g Vanillezucker, 5 g Anis, 5–7 g Zimt, abgeriebene Schale einer unbehandelten Zitrone.

Zubereitung

Die Kletzen über Nacht in kaltem Wasser einweichen. Am nächsten Tag das Wasser abgießen und in einer geringen Menge frischen Wassers weich kochen, dann in grobe Stücke schneiden. Die Feigen kurz abkochen und abseihen. Nach dem Abtropfen in grobe Würfel schneiden. Die Dörrzwetschken zerkleinern, Rosinen waschen und mit Küchenpapier abtrocknen, alle Früchte mit Rum mischen und über Nacht stehen lassen. Den Brotteig mit dem Zucker, Vanillezucker, den Gewürzen, der Zitronenschale sowie den Früchten vermischen und zu 2 Laiben oder Wecken formen, dabei gut mit Mehl stauben. Auf ein mit Backpapier belegtes Backblech setzen und bei Zimmertemperatur etwa 1 Stunde aufgehen lassen. Mit Wasser bestreichen und bei 200 °C im vorgeheizten Backrohr 70–80 min backen. Aus dem Backrohr nehmen und zum Abglänzen mit heißem Wasser bestreichen. Kletzenbrot abliegen lassen und erst nach einigen Tagen aufschneiden.

Traditionell wird das Kletzenbrot am Abend des 20. Dezember gebacken, das ist der Vorabend der Wintersonnenwende, oft auch Thomastag genannt.

Süße Birnen mit festem Fruchtfleisch sollten zum Trocknen verwendet werden.

Rohware: Zum Trocknen eignen sich nur sehr süße Birnen mit festem Fruchtfleisch. Sie müssen vollreif (genussreif) sein, keinesfalls aber überreif und weich. Birnen, die zum Trocknen vorgesehen sind, müssen nach der Ernte häufig im Lager nachreifen, und zwar so lange, bis sie ihre volle Genussreife erlangt haben.

Daneben liefern auch einige alte Landsorten, die roh einen recht herben Geschmack aufweisen, hervorragendes Trockenobst. Als Beispiel sei hier die steirische Hirschbirne erwähnt, die in Österreich vor allem im Pöllauer Tal kultiviert wird und weit über ihr Anbaugebiet hinaus als „Pöllauer Kletze“ bekannt ist.

Vorbereitung: Kleine Birnen werden meist ungeschält mitsamt Kerngehäuse getrocknet. Große Früchte werden halbiert oder in noch kleinere Stücke zerteilt und ohne Kerngehäuse getrocknet. Das Schälen kann entfallen, da die Schale wichtige Geschmackstoffe und Vitamine enthält. Jedenfalls müssen die Früchte aber gründlich gereinigt werden.

Trocknung: Birnen sind gegenüber hohen Trocknungstemperaturen empfindlich und reagieren dann mit Verfärbungen. Besonders gegen Ende der Trocknungszeit darf eine Temperatur von 60 °C nicht überschritten werden.

Sollen die Früchte zum Kochen und Backen verwendet werden, müssen sie nach dem Abkühlen noch weich und biegbar sein. Wurden sie zu stark getrocknet, werden sie bei einer späteren Verarbeitung nicht mehr weich.

Einheimisches Steinobst

Marillen (Aprikosen)

Marillen (Aprikosen) aus eigenem Anbau können mittels Trocknen gut konserviert werden.

Rohware: Die großen Anbaugebiete für Marillen liegen in der Türkei, in Südafrika und in Kalifornien. Von dort kommen auch große Mengen von getrockneten Marillen zu uns in den Handel. Diese Früchte bestechen durch ihre hellgelbe bis strahlend orange Farbe. Solche Ergebnisse sind aber nur durch den Einsatz von Schwefel möglich. In der eigenen Verarbeitung wird man eine viel dunklere Farbe akzeptieren müssen; im Bewusstsein, dass der Wert für die Gesundheit ohne den Einsatz von chemischen Behandlungsmitteln weit größer ist.

Marillen, die zum Trocknen bestimmt sind, müssen vollreif und süß sein. Keinesfalls dürfen sie überreif und weich sein, denn dann zerrinnen sie während der Trocknung und diese dauert zu lange. Am besten eignen sich Früchte aus eigener Kultur zum

Trocknen, denn diese können unverzüglich nach der Ernte getrocknet werden. Unreife, gelblich bis grüne Früchte, wie sie im Lebensmittelhandel oft angeboten werden, sind für ein zufriedenstellendes Ergebnis nach dem Trocknen ungeeignet.
Vorbereitung: Die Früchte werden halbiert oder in Viertel zerteilt, der Stein wird entnommen und die Früchte werden mit der Schalenseite auf das Trocknungssieb aufgelegt. Eintrocknungsverhältnis 1:10.
Trocknung: Vortrocknung bei 60–65 °C, Fertigtrocknen kann bei höheren Temperaturen erfolgen.
Verwendung: für Müsli, zum Backen, als Kompott und als Knabberobst.

Helle getrocknete Marillen (Aprikosen): Eine so leuchtend helle Fruchtfarbe wird nur durch den Einsatz von Schwefel vor dem Trocknen erreicht.

Kirschen und Weichseln (Sauerkirschen)

Rohware: Kirschen und Weichseln eignen sich gleichermaßen zum Trocknen. Große, fleischige Früchte mit einer gut ausgeprägten Färbung erzielen die besten Ergebnisse beim Trocknen. Überreife und beschädigte Früchte scheiden wie bei allen Obstarten für diese Verarbeitung aus.
Vorbereitung: Kirschen und Weichseln werden schonend gewaschen, mit einem sehr scharfen Messer halbiert und der Stein entnommen oder mit einem Entsteinungsgerät aus den Früchten gedrückt. Früchte mit Stein trocknen sehr schlecht. Rund um den Stein bleibt meist Restfeuchte erhalten und dort beginnen die Früchte zu verschimmeln. Außerdem sind Trockenfrüchte mit Stein nicht gut zu verwenden.
Trocknung: Die halbierten Früchte werden mit der Schalenseite auf das Trocknungsgitter aufgelegt. Zu Beginn der Trocknung darf die Temperatur nicht zu hoch sein, da dies ein Aufplatzen der Fruchtzellen bewirkt. Ein hoher Saftverlust und ein schlechter Trocknungsvorgang sind die Folge. Wenn das meiste Wasser aus den Früchten entfernt ist, kann bei höheren Temperaturen fertig getrocknet werden.
Verwendung: Trockenkirschen und -weichseln können wie Rosinen verwendet werden und eignen sich sehr gut für Früchtetee- und Müslimischungen. Auch als köstliche Knabberei sind sie sehr beliebt.

Kirschen und Weichseln (Sauerkirschen) trocknen besser, wenn zuvor der Stein entfernt wird.

Zwetschken (Pflaumen)

Rohware: Die Qualität der Rohware wird maßgeblich vom Zuckergehalt der Früchte beeinflusst. Der Zuckergehalt steigt mit zunehmender Reife ständig an. Zwetschken sind jene seltene Ausnahme, bei der überreife Früchte ein besonders wohlschmeckendes Trockenprodukt liefern. Daher werden die Früchte zum Trocken erst sehr spät gepflückt. Sie können am Stielende be-

Nur sehr süße Zwetschken (Pflaumen) sollten zu Trockenzwetschken verarbeitet werden.

reits Schrumpfungen zeigen und sollten fast von selbst vom Baum fallen. Wurmige Früchte scheiden selbstverständlich für diese Art der Verarbeitung aus.

Vorbereitung: Bei Zwetschken wird die Wasserabgabe durch eine Wachsschicht auf der Schale stark eingeschränkt. Sollen ganze Früchte getrocknet werden, muss diese Wachsschicht vor dem Trocknen durch Eintauchen in heißes Wasser zerstört werden. Wenn die Früchte halbiert und entsteint werden, kann diese Behandlung mit Heißwasser entfallen, die Wasserabgabe erfolgt in diesem Fall hauptsächlich über die Schnittfläche. Die Früchte werden dann eng aneinanderliegend, mit der Schalenseite nach unten, auf das Trocknungsgitter aufgelegt.

Trocknung: Vortrocknen bei geringer Hitze, damit die Fruchtzellen nicht platzen. Später kann bei 75 °C fertig getrocknet werden.

Pfirsiche

Pfirsiche und Nektarinen

Rohware: Große aromatische Früchte, die sich leicht vom Stein lösen lassen, sind das geeignete Ausgangsmaterial.

Vorbereitung: Die Früchte werden mit einem glatten Schnitt halbiert und anschließend wird der Stein entnommen. Um die Trocknungsdauer zu verkürzen, ist es sinnvoll, die Hälften noch weiter zu zerkleinern. Dadurch wird die Oberfläche vergrößert und die Wasserabgabe erleichtert. Die Früchte werden in nur einer Lage mit der Schalenseite auf das Trockengitter aufgelegt. Um die Trocknungsluft gut auszunützen, sollten die Früchte zu Beginn des Trockenvorganges eng aneinanderstoßend aufgelegt werden.

Trocknung: Die Trocknungstemperatur soll 65 °C nicht überschreiten, die Trocknungsdauer beträgt mit einem Dörrgerät bis zu 12 Stunden.

Trockenobstkonfekt

Zutaten

200 g Dörrfrüchte nach Belieben
100 g geschälte Mandelkerne
120 g Feinkristallzucker
1 EL Rum, Weinbrand oder Likör
Etwas Normalkristallzucker

Zubereitung

Dörrfrüchte mit Mandelkernen und Feinkristallzucker im Fleischwolf fein zerkleinern. So viel Rum, Weinbrand oder Likör zugeben, bis eine geschmeidige Masse entsteht. Kleine Kugeln formen und in Kristallzucker wälzen. Besonders nett sieht dieses Trockenfrüchtekonfekt in Pralinenkapseln aus.

Eine köstliche Variante für Schokoladeliebhaber: Fruchtkugeln in geschmolzene Schokolade tauchen und erkalten lassen.

Trockenobstkonfekt

Einheimisches Beerenobst

Himbeeren, Brombeeren

Rohware: Wie bei jedem Obst ist auch hier nur die Verwendung von reifen aromatischen Früchten anzuraten. Nur saubere Himbeeren dürfen getrocknet werden. Keinesfalls sollten Beeren vor dem Trocknen gewaschen werden. Das Trocknen muss sehr zügig, aber dennoch bei geringen Temperaturen erfolgen. Auf jeden Fall müssen die Beeren ganz bleiben, weil beim Zerschneiden der Saftverlust enorm wäre. Bei aller Mühe lohnt sich das Trocknen nur dann, wenn man die Trockenfrüchte in eigenen Früchteteemischungen verwendet – denn für Müsli sind getrocknete Brombeeren und Himbeeren wegen des hohen Anteils an harten Kernen nicht zu empfehlen.

Beim Trocknen müssen die Beeren auf jeden Fall ganz bleiben.

Vorbereitung: Die Beeren müssen absolut sauber sein, sie dürfen vor dem Trocknen auf keinen Fall gewaschen werden, weil das die anschließende Trocknung erheblich erschwert und weil beim Waschen viele Geschmacksstoffe ausgespült werden.

Heidelbeeren

Getrocknete Heidelbeeren sind gegen Durchfall sehr wirksam.

Heidelbeeren (Blaubeeren, Schwarzbeeren) und Preiselbeeren

Vorbereitung: Wenn notwendig, können Heidelbeeren vorsichtig in kaltem Wasser gewaschen werden. Dabei dürfen die Beeren nicht verletzt werden. Besser ist es jedoch, schon beim Ernten auf saubere Früchte zu achten.

Trocknung: Heidelbeeren können bei geeignetem Wetter in der direkten Sonne zum Anwelken ausgelegt werden. Das Fertigtrocknen erfolgt dann auf dem Trockner bei mäßigen Temperaturen, um ein Aufplatzen und einen Saftverlust zu verhindern. Da Heidelbeeren beim Trocknen stark schrumpfen, dürfen nur engmaschige Gitter verwendet werden. Gröbere Gitter werden mit einer feinen Gaze (z. B. Fliegengitter) belegt. Es dürfen nicht zu viele Beeren übereinanderliegen; gelegentliches, sehr vorsichtiges Wenden ist anzuraten. Trocknungstemperatur maximal 50 °C.

Verwendung: Getrocknete Heidelbeeren sind roh genossen kein kulinarischer Hochgenuss. Sie sind aber ein sehr wirksames Hausmittel gegen Durchfall. Sehr gut eignen sie sich auch zur Herstellung von Kompott oder als Tee.

Erdbeeren

Rohware: Nur extrem süße Früchte mit stark ausgeprägtem Aroma sind den Aufwand der Trocknung wert. Zwischen Ernte und Trocknung darf nur sehr wenig Zeit verstreichen, daher ist eigener Anbau lohnenswert.

Vorbereitung: Erdbeeren sind sehr wasserreich (90 %) und sollten zum Trocknen unbedingt halbiert oder in Scheiben geschnitten werden, damit über die Schnittfläche das Wasser schneller aus der Frucht verdunstet werden kann.

Trocknung: Es muss sehr zügig, aber zu Beginn nicht zu warm getrocknet werden, sonst platzen die Zellen und die Früchte zerrinnen.

Erdbeeren zu trocknen, erfordert einige Erfahrung.

(Schwarzer) Holunder

Rohware: Bei Holunderbeeren werden, optimale Reife vorausgesetzt, keine besonderen Anforderungen an die Rohware gestellt.

Vorbereitung: Die Holunderdolden werden vorsichtig gewaschen. Die Beeren sollten dabei keinesfalls verletzt werden, denn das hätte ein Austreten des stark färbenden Saftes zur Folge. Das bringt einerseits schwer zu entfernende Verunreinigungen des Arbeitsplatzes, andererseits Aromaverluste mit sich.

Trocknung: Es werden die ganzen Dolden getrocknet, bis aus den Beeren auch unter Druck kein Saft mehr austritt. Die trockenen Beeren können nun sehr leicht von den Stielen der Dolde abgetrennt werden. Die Dolden sind nicht weiter brauchbar und werden verworfen.

Verwendung: Getrocknete Holunderbeeren verleihen Kräutertees eine kräftige Farbe und einen intensiven Geschmack. Holunderbeerentee schmeckt nicht nur gut, er wird auch als wirkungsvolles Hausmittel bei Erkältungen angewendet.

Holunder auf dem Trockner: Es ist vorteilhaft, ganze Holunderdolden zu trocknen. Die trockenen Beeren lassen sich anschließend sehr leicht von den Stielen rebeln.

Das sollten Sie beachten

Sambunigrin, der leicht giftige Inhaltsstoff des Schwarzen Holunders, der Übelkeit und Erbrechen verursachen kann, wird durch das Trocknen nicht zerstört. Erst nach Erhitzen über 80 °C wird Sambunigrin unwirksam. Daher sollten getrocknete Hollerbeeren nicht roh verzehrt werden! Ein Heißwasserauszug mit kochendem Wasser (Tee) zerstört das Sambunigrin. Tee aus getrockneten Holunderbeeren ist ein altbewährtes Hausmittel gegen Erkältungskrankheiten.

Kompott aus Trockenobst

Zutaten

750 g gemischtes Trockenobst
0,5 l Rotwein
0,5l Birnen- oder Apfelsaft
Saft von 1 Zitrone und 2 Orangen
Gehackte Mandeln oder Walnüsse

Zubereitung

Rotwein und Birnensaft aufkochen und Trockenobst zugeben. 20 min kochen lassen, dann vom Herd nehmen. Orangen- und Zitronensaft sowie Nüsse zugeben und ca. 12 Stunden quellen lassen. Bei Bedarf süßen und am besten kühl servieren.

Einheimisches Wildobst

Hagebutten sind ein guter Vitaminlieferant für den Winter. Werden ganze Früchte getrocknet, müssen Kerne und Härchen nicht entfernt werden.

Hagebutten *(Rosa sp.)*

Rohware: Als Hagebutten werden die Früchte verschiedener Rosenarten bezeichnet. Die Früchte werden zum Trocknen reif geerntet. Sie sollen aber noch hart sein, da in weichen Früchten der Vitamingehalt bereits deutlich zurückgegangen ist.

Vorbereitung: Die Früchte werden längs gespalten und Kerne sowie feine Härchen entnommen. Anschließend werden die Früchte unverzüglich zum Trocknen aufgelegt. Es ist auch möglich, ganze Früchte zu trocknen, dann dauert der Trocknungsvorgang aber erheblich länger. Kerne und Härchen können auch nach dem Trocknen entfernen werden. Das geht dann zwar recht einfach, doch kann eine unangenehme Belästigung der arbeitenden Personen eintreten, denn die Haare der Hagebutten werden auch gerne als Juckpulver verwendet ...!

Trocknung: 35–50 °C.

Felsenbirne *(Amelanchier-Arten)*

Rohware: Die Früchte der Felsenbirne sind erbsengroß und färben sich beim Ausreifen von anfangs hellrot bis später blauschwarz. Die Reifezeit ist von Juni bis August.

Vorbereitung: Die Stiele werden abgezupft und die Früchte werden unzerteilt getrocknet. Getrocknete Früchte der Felsenbirne werden auch als „Korinthen" bezeichnet, daher stammt der Name „Korinthenstrauch".

Trocknung: Bei 50–60 °C.

Eberesche oder Vogelbeere *(Sorbus aucuparia)*

Ebereschen werden, wie viele andere Beeren auch, erst nach dem Trocknen von den Dolden gerebelt.

Rohware: Sehr gut zum Trocknen sind Früchte der Edel-Eberesche *(Sorbus aucuparia var. edulis, Syn. S. aucuparia var. moravica)* geeignet. Sie sind nicht so sauer und bitter wie die Wildformen dieser Obstart.

Vorbereitung: Die Früchte werden mit der Dolde geerntet und getrocknet. Erst nach der Trocknung werden die leuchtend roten Kügelchen von den Dolden abgerebelt.

Trocknung: Bei 50–60 °C. Die getrockneten Früchte sind eine sehr aromatische Bereicherung von Früchteteemischungen und werden von Liebhabern ähnlich wie Rosinen verwendet. So süß wie Rosinen werden getrocknete Ebereschen jedoch selten in Erscheinung treten ...

Obwohl die Eberesche immer noch häufig als giftig angesehen wird, sind ihre Früchte eine große Bereicherung des heimischen Obstbestandes. Ihre

Früchte können zu Schnäpsen, Likören, Marmeladen und Aufstrichen verarbeitet werden; getrocknet sind sie ein aromatischer Bestandteil von (Früchte-)Teemischungen. Die feuerroten Beeren sind weniger bitter, wenn sie erst nach dem ersten Frost gepflückt werden. Dann ist aber Eile angesagt, denn, wie der Name schon sagt, sind sie auch bei Vögeln überaus beliebt. Wer nicht auf den Frost warten möchte, kann die Ebereschen auch im Spätherbst 24 Stunden lang einfrieren und erst dann weiter verarbeiten.

Ebereschen oder Vogelbeeren: Sie sind nicht giftig und lassen sich gut trocknen.

Zieräpfel und Wildäpfel *(Malus floribunda)*

Auch Zieräpfel und Wildäpfel sind essbar und können getrocknet zu Teemischungen verwendet werden.
Rohware: Zierapfelbäume sind immer häufiger in Gärten und Parks anzutreffen. Sie verzaubern durch ihre reiche Blüte, und die stark gefärbten Früchte sind attraktive Darsteller im farbenfrohen Herbst. Kaum jemand weiß jedoch, dass Zieräpfel einen hohen kulinarischen Genuss versprechen.
Vorbereitung: Die Äpfel werden unzerkleinert und ohne Stiel getrocknet.
Trocknung: Bei 50–60 °C. Die Früchte sind haltbar, sobald sie ganz hart sind und nicht mehr zerdrückt werden können.

Sanddorn *(Hippophae rhamnoides)*

Die Ernte der Sanddornfrüchte ist zwar recht aufwändig, aber die Mühe lohnt sich! Sanddornbeeren sind ein bunter und wertvoller Bestandteil von Teemischungen.
Rohware: Im Zustand der Vollreife hat Sanddorn den höchsten Gehalt an wertvollen Inhaltsstoffen. Daher sollte zu diesem Zeitpunkt geerntet werden. Später nehmen besonders der Vitamin-C-Gehalt und die Säure stark ab.
Vorbereitung: Das Abzupfen der Beeren ist recht mühsam und zeitaufwändig. Mit folgender Methode kann die Ernte bedeutend erleichtert werden: Nach dem Abschneiden ganzer Zweige werden diese eingefroren und die Beeren im gefrorenen Zustand abgeschüttelt. Das geht natürlich nur dann, wenn der Strauch groß genug ist und einen derart drastischen Ernteeingriff verkraften kann.
Trocknung: Die abgeschüttelten Beeren dürfen wegen des hitzeempfindlichen Vitamin C nicht über 35 °C getrocknet werden.

Das Abzupfen der Beeren des Sanddorns ist mühsam und zeitaufwändig, aber der Aufwand lohnt sich.

Schlehe, Schlehdorn *(Prunus spinosa)*

Rohware: Blüten: Die Blüten werden sofort nach dem Aufblühen gesammelt. In den meisten Gegenden ist das im zeitigen Frühjahr von März bis

Schlehen werden erst nach dem ersten Frost geerntet, dann sind sie nicht mehr so herb.

April. Blätter: Die jungen Blätter werden unmittelbar nach dem Abblühen geerntet. Früchte: So wie die wilde Eberesche werden Schlehen erst geerntet, wenn sie durch Frosteinwirkung geschmacklich milder geworden sind.
Vorbereitung: Der große Stein kann sehr schlecht aus der Frucht gelöst werden, daher werden ganze Früchte getrocknet. Sie sind wegen des herb-sauren Geschmackes nur für Teemischungen zu empfehlen. Blätter und Blüten werden locker zum Trocknen aufgelegt.
Trocknung: Bei 42 °C. In der Volksmedizin wird Schlehdorn gegen vielerlei Leiden eingesetzt. Am häufigsten werden Teezubereitungen als mildes Abführmittel und zur Unterstützung von Magen, Niere und Blase empfohlen.

Zier- oder Scheinquitte *(Chaenomeles japonica)*

Zierquitten haben ein säuerlich fruchtiges Aroma und sind für Früchteteekompositionen eine wunderbare Ergänzung.
Rohware: Die Früchte werden im September reif. Sie sind roh ungenießbar, entfalten jedoch getrocknet in Kräuterteemischungen ein angenehm säuerlich-erfrischendes Aroma.
Vorbereitung: Die Früchte werden mitsamt Kerngehäuse in dünne Scheiben, besser noch in kleine Würfel geschnitten.
Trocknung: Die Trocknung sollte zügig bei 40–50 °C erfolgen.

Kornelkirschen müssen mehrmals durchgeerntet werden

Kornelkirsche *(Cornus mas)*

Besonders die Sorte „Kasanlaker“ hat große Früchte und kann daher leichter entsteint werden. Getrocknete Früchte können im Müsli genossen oder Kräuter- und Früchtetees zugegeben werden.
Rohware: Da nicht alle Früchte auf einem Strauch gleichzeitig reif werden, sind mehrere Erntedurchgänge von Ende August bis Anfang Oktober erforderlich. Die Früchte sollten bereits intensiv gefärbt sein und eine Konsistenz wie reife Kirschen aufweisen.
Vorbereitung: Große Früchte können entsteint werden. Kleine Früchte werden mit dem Stein getrocknet; sie eignen sich dann nur für Teemischungen.
Trocknung: Es wird bei 50 °C getrocknet. Früchte ohne Stein sind viel schneller trocken als solche mit Stein. Zur Erntezeit im Herbst ist wegen der geringeren Tagestemperaturen und der höheren Luftfeuchte von natürlicher Trocknung dringend abzuraten. Besonders bei Früchten mit Stein kann sich rund um diesen bei zu langsamer Trocknung Schimmelbefall zeigen.

Obst aus fernen Ländern

Früchte zu trocknen, die weite Transportwege hinter sich haben, ist nicht sinnvoll.

Wie schon eingangs erwähnt, sind nur dann gute Trockenprodukte zu erhalten, wenn vollreif geerntete Rohware, die nicht lange gelagert worden ist, zum Trocknen verwendet wird. Es ist auch fraglich, ob es sinnvoll ist, das Wasser in den frischen Früchten mit hohem Einsatz von Energie über weite Strecken zu transportieren und dann mit ebenfalls mehr oder weniger großem Energieeinsatz durch Trocknen aus den Früchten zu entfernen. Es erscheint da wohl sinnvoller, bereits getrocknete Früchte zu importieren ...!?

Nur in Ausnahmefällen ist daher ein Trocknen „exotischer" Früchte zu rechtfertigen. Daher sollen hier nur der Vollständigkeit halber einige „weit gereiste" Früchte vorgestellt werden, die auch recht gute Trockenprodukte ergeben.

Orangen, Zitronen und Limetten

Rohware: Da grundsätzlich nur ungeschälte Orangen und Zitronen getrocknet werden, dürfen zu diesem Zweck nur Früchte mit unbehandelter Schale Verwendung finden.
Vorbereitung: Die Früchte werden gründlich gewaschen und mit einem sehr scharfen Messer oder mit der Brotschneidemaschine in 3–5 mm dicke Scheiben geschnitten. Ein sehr scharfer Gemüsehobel eignet sich ebenfalls gut zum Zerteilen in gleichmäßig dicke Scheiben. Die zerteilten Früchte werden dann ungefähr eine Stunde in ein Sieb gelegt, damit bereits ein Teil des Saftes abtropfen kann. Wenn sie nicht mehr tropfen, können die Fruchtscheiben auf den Trockner gelegt werden.

Getrocknete Zitronen, Limetten und Orangen schmecken köstlich und sind nur für Deko-Zwecke viel zu schade.

Trocknung: Zur Schonung der ätherischen Öle sollte eine Temperatur von 42 °C während der gesamten Trocknungsdauer nicht überschritten werden. Lediglich Südfrüchte, die nur der Dekoration dienen sollen, können auch wärmer getrocknet werden. Dabei besteht aber die Gefahr, dass die Früchte dunkel werden und die helle Farbe verloren geht.
Verwendung: Häufig sind im Handel getrocknete Zitrusfrüchte für Dekorationszwecke (Christbaumschmuck) oder in Duftpotpourris zu finden. Diese sind mit häufig mit Konservierungs-, Farb- und Duftstoffen behandelt und dürfen daher keinesfalls verzehrt werden. Wer Biofrüchte selber trocknet, kann auf all diese Zusatzstoffe verzichten. Denn wegen ihres überaus fruchtigen Geschmacks können getrocknete Südfrüchte auch den Gaumen erfreuen, anstatt nur „herumzuhängen.

Orangenscheibe als Weihnachtsdekoration: Getrocknete Orangenscheiben sind ein essbarer Christbaumschmuck.

Das sollten Sie beachten

Getrocknete Zitrusfrüchte sind auch bei Vorratsschädlingen überaus beliebt und ziehen diese fast magisch an! Daher sollte häufig auf Schädlingsbefall kontrolliert werden.

Andenbeere *(Physalis peruviana)*

Andenbeeren sind Nachtschattengewächse aus den Anden. An geschützten Plätzen im Garten ist ein erfolgreicher Anbau der frostempfindlichen Pflanzen auch bei uns möglich. Erntereif sind die wohlschmeckenden Früchte, wenn der Lampion gelb verfärbt und papierähnlich eingetrocknet ist. Die Früchte sollten nur wirklich reif geerntet werden, denn nur dann haben sie ihr volles Aroma entwickelt. Unreif geerntete Früchte reifen kaum nach. Die Früchte werden aus der Lampionhülle entnommen und im Ganzen bei höheren Temperaturen getrocknet. Das Ergebnis sind wunderbar süße Trockenfrüchte, die an riesige Rosinen erinnern und auch wie Rosinen verwendet werden können. Besonders gut eignet sich Trockenphysalis als Naschobst, als Verpflegung auf Reisen und beim Wandern.

Getrocknete Physalis: Physalisbeeren erinnern im Geschmack an Rosinen und können auch wie diese verwendet werden.

Nur sehr reife Bananen sollten getrocknet werden.

Bananen

Rohware: Die Bananen sollten möglichst reif sein, nur dann haben sie ein wirklich ausgeprägtes Aroma. Die Schale kann bereits braune Stellen aufweisen. Sollten nur unausgereifte Bananen verfügbar sein, gibt es einen einfachen Trick, die Reife zu beschleunigen: Man legt einige reife Äpfel zu den unreifen Bananen. Äpfel strömen das natürliche Reifegas Äthylen aus und „signalisieren" durch diese Botschaft den Bananen, dass es Zeit ist zu reifen. Dieser Trick bewährt sich übrigens auch bei unreifen Kiwis und Paradeisern. In Nachbarschaft zu den Äpfeln entfalten sie unverzüglich ihr volles Aroma!
Vorbereitung: Bananen schälen und der Länge nach halbieren, dann vierteln. Die Bananenstreifen mit der Außenseite auf das Gitter auflegen. Bananen können auch in dünne Scheiben geschnitten werden, diese kleben aber leichter auf dem Trocknungsgitter fest.
Trocknung: Bei 70 °C dauert das Trocknen ca. 8 Stunden. Bananen sind haltbar, sobald sie nicht mehr kleben und sich leicht vom Trocknungsgitter lösen. Für knusprige Bananenchips muss die Restfeuchte noch weiter reduziert werden. Die Früchte sind dann hart und brechen beim Biegen. Bananenchips müssen luftdicht aufbewahrt werden, wenn sie knusprig bleiben sollen. Andernfalls nehmen sie wieder Feuchtigkeit aus der Luft auf und werden dadurch wieder weich. Je reifer die Früchte beim Trocknen sind, umso mehr verfärben sie sich bräunlich. Das ist aber kaum zu verhindern, außerdem ist erst dann das volle Aroma entfaltet.

Gemüse

Fruchtgemüse

Zwiebelgemüse

Wurzeln und Knollen

Blattgemüse

Blütengemüse

Anforderungen an die Rohware

Auch bei Gemüse gilt der Grundsatz, dass nur aus frischen, gesunden und reifen Ausgangsprodukten ein hochwertiges Trockenerzeugnis hergestellt werden kann. Aus krankem, überreifem, verderbendem und holzigem Gemüse kann kein hochwertiges Trockenprodukt entstehen. Das Gemüse sollte nach der Ernte unverzüglich getrocknet werden. Jede Lagerung, besonders wenn nicht gekühlt wird, verursacht Farbveränderungen und negative Veränderungen der Inhaltsstoffe durch beginnende Tätigkeit der Enzyme, Bakterien und Hefen. Besonders der Vitamingehalt wird durch die Lagerung negativ beeinflusst. Daher sollte unmittelbar nach der Ernte mit der Vorbereitung zum Trocknen begonnen werden. Meist wird man die Ernte aus dem eigenen Anbau zum Trocknen verwenden. Dabei ist es sicher leichter möglich, die Zeit zwischen Ernte und Verarbeitung so kurz wie möglich zu halten. Werden Gemüsearten nicht geschält – das trifft besonders auf Wurzelgemüse zu –, ist eine gründliche und sorgfältige Reinigung unerlässlich. Schon bei der Ernte kann sehr wesentlich auf die spätere Reinigung Einfluss genommen werden. Wenn bei trockenem oder mäßig feuchtem Boden geerntet wird, ist das Wurzelgemüse viel weniger mit anhaftender Erde verschmutzt, als wenn bei nassem Boden während oder nach Regenwetter geerntet wird.

Qualitätskriterien für Trockengemüse

- Geruch, Geschmack und Farbe nach dem Trocknen: Geruch und Geschmack sollen typisch für das Produkt und angenehm sein. Unangenehmer, schimmeliger bis muffiger Geruch deutet auf Fehler beim Trocknen oder bei der Lagerung hin: solche Produkte sollten sofort aussortiert und verworfen werden. Andernfalls besteht die Gefahr, dass gesunde Produkte von fehlerhaften Waren angesteckt werden. Die Farbe sollte intensiv und typisch sein. Im Vergleich zur Rohware

müssen auch bei optimaler Trocknung Farbveränderungen akzeptiert werden.

- Der Wassergehalt darf 12 % für eine längere Lagerung nicht überschreiten
- Quellungsvermögen heißt die (erwünschte) Fähigkeit, nach dem Trocknen wieder Wasser aufzunehmen. Das ist für eine Weiterverarbeitung (z. B. Kochen) unbedingt notwendig. Trockengemüse soll beim Kochen wieder eine ähnliche Konsistenz wie Frischgemüse erreichen. Das ist nur möglich, wenn der Trocknungsvorgang bei 8–12 % Restfeuchte abgebrochen wird. Wird unter 8 % Restfeuchte getrocknet, kommt es zu irreversiblen (nicht wieder umkehrbaren) Veränderungen der Zellstruktur. Das Gemüse bleibt dann auch nach dem Kochen im Vergleich zur Frischware hart und ist weniger wohlschmeckend. Das Quellvermögen wird positiv beeinflusst, wenn die Rohware vor dem Trocknen wenige Minuten blanchiert wird.
- Wertgebende Inhaltsstoffe, im Besonderen Vitamine, sollen weitgehend erhalten bleiben.

Fruchtgemüse

Zucchini

Zucchini gehören zu den sehr einfach zu kultivierenden Gemüsearten und liefern hohe Erträge. Ungekühlt sind sie nicht lange lagerfähig. Im Kühlschrank dagegen sind sie recht lange haltbar, aber es leidet der Geschmack. Die Zucchini werden bitter. Daher überschreitet die Haupternte im Sommer oft den Bedarf, und man weiß nicht mehr, wohin mit den vielen Früchten. Folglich ist es sinnvoll, Zucchini durch Trocknen zu konservieren und so ein hervorragendes Produkt zum Knabbern oder zum Kochen herzustellen.

Rohware: Die Früchte werden geerntet, wenn sie etwa die Stärke von Salatgurken haben (5 cm). Größere Früchte haben oft einen sehr hohen Anteil an groben Kernen und ein weit weniger feines Aroma. Ein weiterer Nachteil an älteren Früchten ist die harte Schale. Diese muss dann vor dem Trocknen entfernt werden. Außerdem fördert ein rechtzeitiges Ernten den Ansatz neuer Früchte.

Vorbereitung: Junge Zucchini mit weicher Schale müssen nicht geschält werden. Die Früchte werden in maximal 5 mm dicke Scheiben geschnitten. Das geht mit der Brotschneidemaschine oder mit einem Gemüsehobel sehr schnell. Eine andere Vari-

Mit dem Sparschäler können Zucchini und Kürbisse in feine Streifen gehobelt werden.

Zucchini: frisch und getrocknet

ante ist der Einsatz eins Sparschälers. Mit ihm kann die ganze Frucht in feine Streife gehobelt werden.
Trocknung: Diese erfolgt bei 70 °C und dauert etwa 12 Stunden.

Speisekürbisse

Nur Kürbisse mit weicher Schale zum Trocknen verwenden!

Viele Speisekürbisse sind zum Trocknen geeignet und ergeben sehr wohlschmeckende Produkte. Die Verwendung reicht von Zutaten für Suppen und Eintopfgerichten bis hin zu fettfreien Kürbischips.
Rohware: Die Früchte müssen vor dem Trocknen geschält werden. Daher sollten nur Sorten mit einer relativ weichen Schale ausgewählt werden. Andernfalls wird das Schälen zur unerfreulichen Plage. Als besonders gut zum Trocknen haben sich folgende Sorten erwiesen:

- Hokkaido
- Langer von Neapel
- Green Hokkaido
- Red Turban
- Ungarischer Bauer
- Patisson Custard White

Getrockneter Kürbis: für Gemüsegerichte oder als interessante Chips

Vorbereitung: Je nach späterem Verwendungszweck werden die Kürbisse in Stücke geschnitten: Würfel oder Stäbchen für Suppen und Gemüsegerichte; dünne Scheiben (2–4 mm) für Chips. Die Kerne und loses Fruchtfleisch werden entfernt.
Trocknung: erfolgt wie bei Zucchini.

Paprika und Pfefferoni

Rohware: Das tiefrote Pulver aus getrockneten und gemahlenen Paprikafrüchten ist nicht nur in der ungarischen Küche ein unverzichtbares Gewürz. Es gibt unzählige verschiedene Paprika und Pfefferonisorten mit sehr

unterschiedlichen Schärfegraden. Dadurch wird Paprika gleichermaßen dem Gemüse und den Gewürzen zugeordnet.
Vorbereitung: Gemüsepaprika werden halbiert, Kerne und Siel entfernt. Das Fruchtfleisch wird anschließend in Streifen geschnitten und zum Trocknen aufgelegt. Kleine Pfefferoni können auch im Ganzen getrocknet werden.
Trocknung: Getrocknet wird bei 60 °C so lange, bis die Früchte noch biegsam sind, beim Zerreißen jedoch keine Flüssigkeit mehr austritt. Paprika, die zum traditionellen Würzpulver vermahlen werden sollen, dürfen kaum mehr Restfeuchte enthalten.

Paprika zählt zu jenen wenigen Produkten, die auch unter direkter Sonneneinstrahlung im Freien getrocknet werden können. Traditionell fädelt man dazu die Früchte auf eine Schnur und hängt sie, vor Nässe und Verunreinigungen geschützt, an der Hausmauer zum Trocknen auf.

Paradeiser/Tomaten

Getrocknete Paradeiserstücke, pur oder in Öl eingelegt, sind eine beliebte Spezialität der italienischen Küche.
Rohware: Bis vor wenigen Jahren waren nur wenige Paradeisersorten bekannt. Doch seit kurzem ist eine wahre Flut an verschiedenen Sorten im Handel und auf den Märkten anzutreffen. Schier unendlich erscheint die Fülle an Farben, Formen und Geschmacksunterschieden. Da lohnt es sich, auch beim Trocknen verschiedene Sorten zu testen und den persönlichen Favoriten zu finden. Gut geeignet sind kleine süße Früchte mit starkem Geschmack. Weniger geeignet sind Fleischparadeiser: Wegen des höheren Wassergehaltes solcher Sorten dauert das Trocknen sehr lang und das Ergebnis ist geschmacklich enttäuschend.

Bei Paradeisern lohnt es sich, aus der angebotenen Sortenvielfalt die persönlichen Favoriten auszuwählen und diese für den Winter zu konservieren.

Vorbereitung: Paradeiser werden zum Trocknen in Viertel oder kleinere Stücke zerteilt und mit der Schalenseite auf das Trocknungsgitter gelegt.
Trocknung: Da frische Früchte viel Wasser enthalten, muss beim Trocknen für ausreichende Luftzirkulation geachtet werden. Wenn im Haushalts- oder Brotbackofen getrocknet wird, muss unbedingt die Ofentüre offengehalten werden. Andernfalls werden Paradeiser eher im eigenen Saft gedünstet als getrocknet. Die Stücke werden in diesem Fall matschig. Dann ist keine erfolgreiche Trocknung mehr möglich. Paradeiser sind haltbar, sobald die Früchte ledrig zäh sind und beim Biegen keine Feuchtigkeit mehr austritt. Sie können aber auch weiter getrocknet werden, bis sie hart und brüchig sind. Dann kann daraus ein sehr aromatisches Würzpulver gemahlen werden.

Das sollten Sie beachten

Der Trocknungsprozess sollte keinesfalls zu früh abgebrochen werden. Wenn im Bereich der Kerne zu viel Restfeuchte verbleibt, steigt die Gefahr der Schimmelbildung. Das ist aber oft nicht leicht zu erkennen, und durch den intensiven Eigengeschmack der Trockenparadeiser besteht die ernsthafte Gefahr, unbemerkt große Mengen Schimmel zu verzehren.

Trotz ihres hohen Wassergehalts können Salatgurken gut getrocknet werden und sind dann ein außergewöhnlicher Knabbergenuss.

Gurken

Vorbereitung: Trotz des hohen Wassergehaltes von annähernd 96 % können Salatgurken gut getrocknet werden. Sie werden dazu gründlich gewaschen und ungeschält in 2 mm dicke Scheiben geschnitten.
Trocknung: Damit die Scheiben nicht auf dem Trocknungsgitter festkleben, sollte sie nach spätestens einer Stunde Trocknungszeit gewendet werden. Die Gurkenscheiben dürfen beim Trocknen nicht übereinanderliegen. Getrocknete Gurken sind ein sehr außergewöhnlicher Knabbergenuss.

Zwiebelgemüse

Zwiebel und Lauch (Porree)

Zwiebel

Vorbereitung: Die äußeren, trockenen und braun gefärbten Schalenteile sind vor dem Schneiden sorgfältig zu entfernen. Anschließend werden die Zwiebeln in 5 mm dicke Scheiben geschnitten und sofort locker und in geringer Schichthöhe auf das Trockensieb aufgelegt. Je schneller nach dem Schneiden der Trocknungsvorgang gestartet wird, umso geringer ist die Gefahr von Verfärbungen.
Trocknung: Zwiebeln sind gegen hohe Trocknungstemperaturen empfindlich und reagieren darauf mit Verfärbungen. Daher sollte eine Trocknungstemperatur von 60 °C nicht überschritten werden. Wichtig ist das rechtzeitige Wenden und Auflockern der Zwiebel in der ersten Phase der Trocknung, andernfalls verkleben die Zwiebelstücke sehr stark und der Erfolg der Trocknung und die Qualität der Trockenzwiebel werden stark eingeschränkt.

Verwendung: Eine Trockenzwiebel ist wie eine frische Zwiebel anwendbar. Besonders gut eignen sich Trockenzwiebeln als Gewürz, für Suppenmischungen und als Basis für Zwiebelsuppe.

Zwiebelsuppe aus Trockenzwiebeln

Zutaten (für 4 Personen)

60 g Trockenzwiebel
125 ml Weißwein
1 l Wasser
Salz, etwas Pfeffer aus der Mühle
Getrocknete Kräuter: z. B. Liebstöckel, Bohnenkraut, Ysop

Zubereitung

Wasser aufkochen und salzen, Trockenzwiebel und Wein zugeben. Nach Geschmack würzen und kochen lassen. Einlage: Brotschnitten mit Käse überbacken und klein geschnitten beim Anrichten in die Suppe geben.

Lauch (Porree)

Vorbereitung: Nach dem Vorputzen und dem Entfernen der Laubspitzen und Wurzelspitzen wird der Porree gewaschen und die zwischen den Blättern sitzenden Schmutzteile werden grünlich entfernt. Die gesamte Lauchstange wird in 5 mm bis 10 mm dicke Scheiben geschnitten und dünn zum Trocknen aufgeschichtet.

Trocknung: Mehrmaliges Wenden beschleunigt den Trocknungsprozess. Da der intensive Geruch beim Trocknen stark übertragen wird, sollten gemeinsam mit Lauch und Zwiebeln keine anderen Früchte getrocknet werden. Trocknungstemperatur 65–70 °C.

Wurzeln und Knollen

Rote Rüben (Rote Beete), getrocknet

Rote Rüben/Rote Beete

Es mag überraschen, aber Rote Rüben eignen sich besonders gut zum Trocknen. Sie werden dadurch unter anderem zu köstlichen Knabbergemüse.

Vorbereitung: Die rohen Rüben müssen nicht geschält werden und sollten mit einem möglichst scharfen Messer in sehr dünne Scheiben geschnitten werden. Gut zum Schneiden eignet sich auch eine Brotschneidemaschine oder ein scharfer Gemüsehobel. Die Scheiben werden dann in nur einer Lage auf das Trockensieb aufgelegt und bald gewendet, weil sie sonst leicht auf dem Sieb festkleben.

Verwendung: Getrocknete Rote Rüben sind eine farbenfrohe und köstliche Knabberei. Aus den getrockneten Rüben kann auch ein Pulver hergestellt werden, das zum Färben und Verzieren von Lebensmitteln oder als Gewürz verwendet werden kann.

Trocknung: 60–70 °C.

Süße Rote-Rüben-Chips

Zutaten

0,5 kg Rote Rüben
300 g Zucker
1 l Wasser

Zubereitung

Wasser mit Zucker aufkochen, Rote Rüben in 3 mm dicke Scheiben schneiden. Rübenscheiben 3–5 min in leicht siedendem Zuckerwasser ziehen lassen. Herausheben und 60 min in einem Sieb abtropfen lassen. Anschließend bei 70 °C trocknen, bis die Chips hart und leuchtend rot sind. Dieses Rezept kann bei vielen verschiedenen Gemüsearten angewendet werden!

Rote und Gelbe Karotten (Möhren)

Da frische Karotten das ganze Jahr über in sehr guter Qualität aus inländischem Anbau erhältlich sind, erscheint das Trocknen nur bei großen Erntemengen aus dem eigenen Garten sinnvoll. In diesem Fall ist das Trocknen eine sehr erfolgreiche und einfache Art der Konservierung.

Karotten

Vorbereitung: Karotten sauber waschen und abtrocknen lassen. Sie müssen zum Trocknen nicht geschält werden. Wichtig ist aber das sorgfältige Schneiden in maximal 5 mm dicke Scheiben oder kleine Würfel. Das geht mit einem handelsüblichen Gemüsehobel (V-Hobel) sehr einfach und schnell.
Trocknung: Zu Beginn bei ca. 80 °C, nach wenigen Stunden auf maximal 60 °C senken, sonst kommt es zur Verfärbungen und „Verhornung". Das heißt, es bildet sich eine harte Außenschicht, die kaum noch Feuchtigkeit nach außen dringen lässt und so die Trocknung stark verzögert. Darunter leidet auch die spätere Quellfähigkeit der Trockenkarotten.
Verwendung: Getrocknete Karotten können für Suppen, Eintöpfe und in Trockengemüsemischungen verwendet werden. Besonders schmackhaft sind Trockenkarotten als Knabbergemüse.

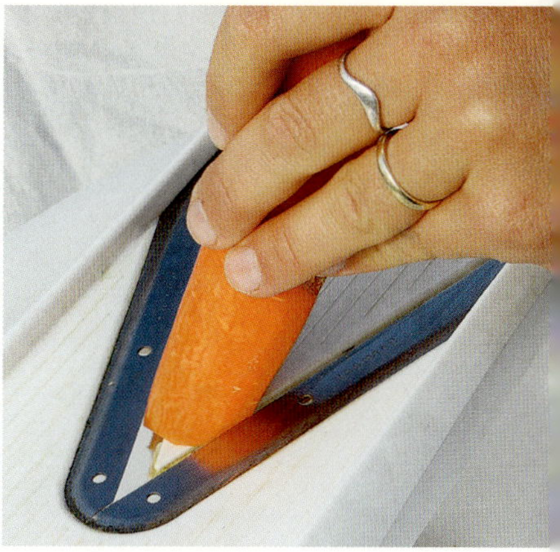

Karotten werden in gleichmäßig dicke Scheiben geschnitten. Dafür eignet sich ein Gemüsehobel sehr gut.

Pastinaken

Obwohl der Anbau von Pastinaken in Mitteleuropa bereits seit 4000 Jahren nachgewiesen werden kann, ist diese wertvolle Wurzel fast ganz in Vergessenheit geraten. Erst in den letzen Jahren erleben Pastinaken eine Renaissance und werden wieder vermehrt angebaut und zum Kauf angeboten. Trotzdem sind Pastinakenwurzeln eher selten auf Märkten zu finden. Daher sollte man seinen Bedarf durch eigenen Anbau decken oder, wenn sie auf dem Markt zu finden sind, gleich größere Mengen einkaufen und durch Trocknen konservieren.
Vorbereitung: Die Pastinakenwurzel wird nach der Ernte sorgfältig gereinigt und in maximal 5 mm dicke Scheiben aufgeschnitten. Schälen ist nicht notwendig.
Trocknung: Wie bei Karotten.

Knollensellerie

Vorbereitung: Die Knollen werden vor der Weiterverarbeitung sorgfältig geschält und zum Trocknen in Streifen oder Würfel geschnitten. Damit sich Sellerie nach dem Schneiden nicht verfärbt, sollten die Selleriestücke unmittelbar nach dem Schneiden getrocknet werden.

Getrocknetes Suppengemüse

Trocknung: Wie bei allen Wurzel- und Knollengemüsen darf auch Sellerie nicht zu heiß getrocknet werden, um Verhornung zu verhindern (siehe Kapitel Karotten/Möhren).

Verwendung: Als wichtiger würzender Bestandteil von Suppenmischungen und Kräutersalzen.

Erdäpfel/Kartoffeln

Da frische Erdäpfel bei richtigen Lagerbedingungen bis zur folgenden Ernte ohne Qualitätsverluste lagerfähig sind, ist vom Trocknen dieses Grundnahrungsmittels abzuraten. Lediglich für die Herstellung fertiger Suppenmischungen oder Eintopfgerichte dienen getrocknete Erdäpfel als Zutat.

Vorbereitung: Nach gründlicher Reinigung werden die Knollen geschält und sofort in 5 mm dicke Würfel oder dünne Scheiben geschnitten. Anschließend müssen die Stücke 3 min in Salzwasser gekocht und umgehend getrocknet werden. Unblanchierte Erdäpfel werden beim Trocknen sehr schnell schwarz. Das Blanchierwasser wird durch die in den Knollen enthaltene Stärke schleimig. Daher muss bei größeren Verarbeitungsmengen das Wasser häufig gewechselt werden.

Trocknung: Mehrmaliges Wenden und Auflockern verhindert eine Mattenbildung und Verfärbungen. Die Erdäpfelstücke werden beim Trocknen glasig und hart, sollten aber eine ansprechende gelbliche Farbe behalten.

Das sollten Sie beachten

Wegen des Alkaloids Solanin, das in Erdäpfeln in geringen Mengen enthalten ist, wird vom Verzehr roher ungeschälter Knollen abgeraten. Wirklich gefährliche Alkaloidgehalte liegen aber nur in grün gefärbten Knollen, in austreibenden Augen und in den Trieben vor. Da Solanin beim Trocknen nicht zerstört wird, sollten auch Trockenerdäpfel vor dem Verzehr gekocht werden.

Blattgemüse

Kohlsprossen (Rosenkohl)

Rohware: Zum Trocknen eignen sich nur feste Röschen.
Vorbereitung: Gelbe und lose Blätter werden entfernt, große Röschen werden halbiert, kleine Röschen werden an der Unterseite eingeschnitten.
Trocknung: Die Trocknungstemperatur sollte bei max. 65 °C liegen, damit die Außenblätter nicht zu schnell austrocknen und dadurch das gleichmäßige Durchtrocknen der gesamten Rose verhindern.
Verwendung: In Suppengemüsemischungen und für Eintopfgerichte.

Sellerielaub

Rohware: Auch das Laub von Sellerie eignet sich sehr gut zum Trocknen und sollte daher bei der Knollenernte nicht verworfen werden.
Vorbereitung und Trocknung: Tief liegende Außenblätter bzw. stark verunreinigtes oder vergilbtes Laub wird ebenso wie harte Blattstiele entfernt. Die verbleibenden Blätter werden grob zerkleinert und bei 40–60 °C zügig getrocknet.
Verwendung: Das Selleriekraut wird erst unmittelbar vor der Verwendung fein zerrieben und dabei werden gröbere Bestandteile ausgesondert. Es eignet sich für Suppen, Kräutersalze und Würzmischungen.

Wer Knollensellerie zum Trocknen anbaut, sollte nicht nur die Knolle, sondern auch das sehr würzige Kraut verwerten.

Würzsalz für Suppen

Zutaten

10 g getrocknete Sellerieknolle
20 g getrocknetes Selleriekraut und getrocknetes Liebstöckel in beliebigem Mischungsverhältnis (der Kräuter- und Gemüseanteil soll 10–30 % des Gesamtgewichts betragen)
70 g Salz

Zubereitung

Alle Zutaten werden gleichzeitig in der Küchenmaschine zerkleinert und gemischt.

Das sollten Sie beachten

Sellerie zählt zu jenen Lebensmitteln, die in Verdacht stehen, Allergien und Nahrungsmittelunverträglichkeiten auszulösen. Werden Produkte mit Sellerie in Verkehr gebracht, muss eindeutig auf die Zutat Sellerie hingewiesen werden.

Blütengemüse

Karfiol/Blumenkohl und Brokkoli

Karfiol zählt wie Brokkoli zum Blütengemüse. Bei beiden wird der noch nicht voll entwickelte Blütenstand gegessen. Karfiol und Brokkoli sind in frischem Zustand nur sehr kurz lagerfähig. Durch die Trocknung können für den Winter sehr gut Vorräte angelegt werden. Getrockneter Karfiol eignet sich besonders gut zur Herstellung von Gemüsesuppen und Eintöpfen.

Vorbereitung: Beim Karfiol werden nur die kleinen Blumen zum Trocknen verwendet, Strünke und Blätter werden entfernt.

Trocknung: Wenn die Trocknung rasch, aber bei mäßiger Hitze (max. 50 °C) erfolgt, können Verfärbungen weitgehend verhindert werden.

Karfiol wird in kleine Röschen zerteilt und bei mäßiger Temperatur getrocknet.

Pilze

Rohware

Vorbereitung

Trocknung

Verwendung

Da frische Pilze nur kurz haltbar sind, ist das Trocknen eine hervorragende Methode der Konservierung. Pilze haben einen Wassergehalt von 90–95 %, lassen sich aber dennoch einfach trocknen.

Rohware

Es eignen sich alle Kultur- und viele Wildpilze zum Trocknen. Selbstverständlich sollten nur jene Pilze getrocknet werden, die eindeutig erkannt und als ungiftig eingestuft wurden. Im getrockneten Zustand können die verschiedenen Pilzarten nur schwer auseinandergehalten werden. Daher ist auch auf eine sorgfältige Aufbewahrung mit eindeutiger Beschriftung zu achten. Zum Trocknen werden nur unbeschädigte und möglichst saubere Pilze verwendet.

Champignons

Vorbereitung

Keinesfalls sollten die Pilze vor der Verarbeitung gewaschen werden, da dies einerseits hohe Aromaverluste bedeutet und andererseits Pilze das Waschwasser wie ein Badeschwamm aufnehmen. Das wirkt sich auf den anschließenden Trocknungsvorgang ungünstig aus.

Größere Pilze werden in ca. 3–5 mm dicke Scheiben geschnitten und sorgfältig nebeneinander auf das Trocknungsgitter aufgelegt. Kleinere Pilze wie Eierschwammerln (Pfifferlinge) können unzerkleinert getrocknet werden.

Trocknung

Pilze können auch im direkten Sonnenlicht getrocknet werden.

Jedenfalls muss gewährleistet sein, dass der Trocknungsvorgang rasch abläuft und die Pilze nicht verschimmeln. Eine recht brauchbare Lösung ist, die Pilze bei geeignetem Wetter in der Sonne vorzutrocknen und mit einem Trocknungsgerät bei 40–60 °C fertig zu trocknen.

Da Pilze besonders gut bei feuchtem Wetter wachsen, herrschen an Pilztagen oft ungünstige Bedingungen für die natürliche Trocknung. Für eifrige Schwammerlsucher lohnt sich die Anschaffung eines Dörrgerätes.

Verwendung

Pilze werden vor der Verwendung einige Zeit in lauwarmem Wasser eingeweicht und anschließend kurz im Einweichwasser aufgekocht. Das Kochwasser enthält viele Geschmacksstoffe und sollte unbedingt zur Weiterverarbeitung

Steinpilze

Eierschwammerl (Pfifferlinge)

verwendet werden. Eine weitere Variante der Verwendung von Trockenpilzen besteht darin, diese zu Pulver zu zermahlen.

Damit können Nudelgerichte, Suppen, Saucen, Fleischspeisen, Knödel und andere Gerichte gewürzt werden.

Schwammerlpolenta

Zutaten

225 g Maisgries
15 g getrocknete Pilze
(z. B. Eierschwammerl, Steinpilze, Champignons ...)
10 g Trockengemüse
(Zwiebel, Karotten, Petersilienwurzel, Lauch, Zucchini ...)
1250 ml Gemüse- oder Fleischsuppe

Zubereitung

Maisgries, Pilze und Trockengemüse in die kalte Suppe einrühren. Langsam zum Kochen bringen, dabei mehrmals umrühren. Unter ständigem Rühren so lange kochen, bis sich die Masse vom Topfboden löst. Mit Salz, Pfeffer und Butter abschmecken und servieren.

Steinpilz-Gemüse-Risotto

Zutaten

220 g Risottoreis
10 g getrocknete Steinpilze
20 g getrocknetes Gemüse nach Geschmack (z. B. Zwiebeln, Karotten, Zucchini, Petersilie, Lauch ...)
Salz, Pfeffer

Zubereitung

Alle Zutaten in 750 ml Gemüsesuppe ca. 20–25 min kochen und nach dem Abschmecken servieren.

Sprossen und Keimlinge

Als Sprossen oder Keimlinge (Sprossengemüse) werden frisch gekeimte Samen oder wenige Tage alte Pflänzchen bezeichnet, die zum Verzehr geeignet sind. Schon seit über 5000 Jahren gibt es Nachweise, dass Sprossen und Keimlinge für die Ernährung kultiviert wurden. Keimlinge sind reich an Mineralstoffen, Vitaminen und sekundären Pflanzenstoffen. Meistens erfolgt die Kultur ohne Erde, also nur mit Wasser und Sonnenlicht. Zur Anzucht von Sprossen und Keimlingen darf nur gesundes und unbehandeltes Saatgut verwendet werden. Keinesfalls ist gebeiztes oder mit Pflanzenschutzmitteln behandeltes Gartenbausaatgut zur Sprossenkultur geeignet.

Anzucht von Sprossen und Keimlingen

Bei der Anzucht werden zwei Varianten unterschieden:

1. Die Sprossenanzucht

Hier werden in einem Sprossenturm oder einem Keimglas ohne Erde oder anderen Substraten Samen zum Keimen gebracht. Sobald sich nach wenigen Tagen kleine Triebe oder erste Anzeichen von Keimblättern gebildet haben, sind die Sprossen „erntereif". Die Sprossen werden mit den Wurzeln und dem Samen verzehrt, in unserem Fall getrocknet. Im Handel gibt es Sprossentürme und Sprossengläser zu kaufen. Die Entscheidung für die eine oder andere Variante wird von persönlichen Vorlieben beeinflusst werden. Ein Sprossenglas kann mit einfachen Mitteln leicht selbst hergestellt werden. Dazu wird ein Glas (Gurkenglas oder ähnlicher Glasbehälter), Flie-

Name	Name botanisch	Einweich -dauer (Stunden)	Keim -dauer (Tage)	Als Grünkraut geeignet	Hinweise
Hülsenfrüchte					
Alfalfa/Luzerne	Medicago sativa		7–8		
Bockshornklee	Trigonella foenum-graecum	6	3–4		
Erbse	Pisum sativum	12	3–4		Vor dem Trocknen blanchieren
Kichererbse	Cicer arietinum	12	3–4		Vor dem Trocknen blanchieren
Linse	Lens culinaris	12	3–4		
Mungobohnen	Vigna radiata	12	3–6		
Getreide					
Dinkel		12	2–3		
Gerste	Hordeum vulgare	6–12	2–4		Bei längerer Keim dauer nicht wohl-schmeckend
Hafer	Avena sativa	6	2–4	ja	
Hirse	Panicum miliaceum	12	3–4		Samen darf nicht geschält sein!
Roggen	Secale cereale	12	2–4		
Weizen	Triticum durum	12	2–4		
Gemüse					
Broccoli	Brassica oleraceae	6–12			
Buchweizen	Fagopyrum esculentum	16	10–12	ja	
Gartenkresse	Lepidium sativum		3–6	ja	
Rettich	Raphanus sativus	6–12	4–7	ja	Aromatisch scharf
Leinsamen	Linum usitatissimum		3–4		Starke Schleim-bildung des Samens
Radieschen	Raphanus sativus ssp.sativus	6–12	2–5	ja	
Rucola	Eruca sativa		3–6	ja	
Senf	Sinapis alba			ja	Leichte Schärfe
Sonnenblume	Helianthus annuus	6	8–12	ja	Bei längerer Keim dauer nicht wohl-schmeckend

Mit einfachen Hilfsmitteln kann ein Sprossenglas selbst hergestellt werden.

gengitter aus Kunststoff, wie es schon im Kapitel über die Herstellung von Trockenhorden beschrieben ist, und ein fester Gummiring benötigt.

Man füllt Samen in ein Gurkenglas und spült sie mit reichlich kaltem Wasser. Anschließend werden die Samen im Glas eingeweicht. Die notwendigen Einweichzeiten sind in obiger Tabelle angeführt. Nach dem Einweichen wird das Fliegengitter über das Glas gespannt und mit dem Gummiring befestigt. Das Einweichwasser kann nun leicht abgegossen werden, ohne die Samen aus dem Glas zu schütten. Während der Keimzeit sollten die Samen zweimal täglich gespült werden. Das ist wichtig, denn einige Samen sondern unverträgliche Stoffe ab, die durch das Spülen gründlich aus dem Anzuchtglas entfernt werden. Sobald sich die Keimlinge ausreichend entwickelt haben, wird das Fliegengitter entfernt und die Keimlinge können entnommen werden. Sie werden nun unverzüglich getrocknet.

2. Der Grünkrautanbau

Als Grünkraut werden Keimlingen bezeichnet, die so lange wachsen, bis sich die Keimblätter voll entwickelt haben. Statt wie bei der Sprossenanzucht den ganzen Keimling zu essen, schneidet man beim Grünkraut nur den oberen Stängelteil ohne Wurzeln und Samen zum Verzehr ab.

Grünkraut wird im Gegensatz zu Sprossen ohne Wurzeln und Samen getrocknet.

Der Anbau von Grünkraut ist weniger aufwändig als die Sprossenanzucht. Das mehrmalige Spülen der Samen mit Wasser entfällt bei dieser Methode. Als Substrat können alle Materialien verwendet werden, die für gute Wasserspeicherung sorgen und aus hygienischer Sicht als unbedenklich einzustufen sind. Sehr gut ist Watte oder Küchenkrepp geeignet. Erde sollte bei dieser Form der Anzucht aus Gründen der Sauberkeit nicht verwendet werden. Der Boden einer flachen wasserdichten Schale wird sorgfältig mit einer Schicht Watte oder Küchenkrepp belegt. Dann wird gründlich angefeuchtet. Sobald dieses Anzuchtsubstrat gleichmäßig feucht ist, können Samen darauf gestreut werden. Es kann dabei sehr dicht gestreut werden – jedenfalls dichter als im Falle eines Anbaus im Garten. Keinesfalls aber sollten Samen in mehreren Schichten übereinander zu liegen kommen. Das Substrat wird nun immer gleichmäßig feucht gehalten, die Samen sollten aber nicht schwimmen. Nach wenigen Tagen erscheinen erste Triebe und nach einigen weiteren Tagen kann das Grünkraut zum Verzehr oder zum Trocknen geerntet werden. Zum Trocknen sollten gleich größere Mengen an Grünkraut produziert werden. Als Unterlage für große „Anzuchtgärten" eigenen sich Backbleche sehr gut.

Anzucht von Grünkraut

Trocknen der Sprossen und des Grünkrautes

Wegen des sehr weichen Zellgewebes der sehr jungen Pflanzen erfolgt die Wasserabgabe beim Trocknen sehr rasch. Um möglichst viele wertvolle Inhaltsstoffe zu erhalten, sollte sehr zügig, aber möglichst kühl getrocknet werden. Eine Temperatur von 35 °C sollte keinesfalls überschritten werden. Das „vitale Grün" ist haltbar, wenn es wirklich rascheldürr ist. Durch den hohen Wassergehalt von Sprossen und Grünkraut wird man vom Volumenverlust beim Trocknen überrascht sein. Es bliebt nicht viel übrig ... Das trifft aber nur auf die Pflanzenmasse zu. Spurenelemente, Vitamine und Mineralstoffe sind in sehr konzentrierter Form enthalten.

Verwendung von getrockneten Sprossen

Getrocknete Sprossen und Grünkraut können beim Kochen von Suppen und Eintopfgerichten eine willkommene Ergänzung darstellen. Man kann damit aber auch Gewürz- und Salzmischungen bereichern. Dazu wird das getrocknete Produkt mit einer Küchenmaschine oder im Mörser auf die gewünschte Größe zerkleinert.

Oststeirisches Energiebrot mit getrockneten Sprossen

Vorteig

Zutaten

450 g Dinkelvollkornmehl frisch gemahlen
450 g Roggenvollkornmehl frisch gemahlen
550 ml lauwarmes Wasser
4 EL Sauerteig

Zubereitung

Die Vollkornmehle in eine Schüssel sieben, mit Wasser zu einem zähflüssigen Brei verrühren und den Sauerteig dazu mischen. An einem warmen und zugfreien Platz bei 25–30 °C 10–12 Stunden gehen lassen.

Hauptteig

Zutaten

150 g Dinkel
150 g Roggen
2 EL Salz
2 EL getrocknete Kräuter und Gewürze (nach persönlichen Vorlieben: z. B. Kümmel, Bohnenkraut, Liebstöckel ...)
40 g getrocknete Sprossen und Keimlinge

Zubereitung

Getreidekörner, Kräuter und getrocknete Sprossen in der Brotmühle gemeinsam vermahlen. Die Kräuter-Sprossen-Mehlmischung nun mit dem Vorteig vermengen, das Salz zugeben und kräftig kneten, bis ein geschmeidiger Brotteig entsteht. Diesen noch 2,5–3 Stunden gehen lassen. Anschließend einen Laib formen und bei 200 °C ca. 45 min Backen. Damit die Rinde nicht aufreißt, vor dem Backen mit einem Messer kreuzförmig einschneiden. Das Brot ist fertig gebacken, wenn beim Klopfen an der Unterseite des Laibes ein hohler Klang zu hören ist.

Rezept für Sauerteigansatz

50 g Vollkornroggenmehl mit lauwarmem Wasser verrühren, bis ein dicker Brei entsteht. Diesen Brei zudecken und an einem warmen Ort rasten lassen, dabei täglich umrühren. Nach 5 Tagen kann der Sauerteigansatz zum Brotbacken verwendet werden.

Anhang

Qualitätssicherung von Trockenprodukten

1. Nur hochwertiges Ausgangsmaterial wird nach dem Trocknen hochwertige Produkte ergeben. Eine Verbesserung der Rohprodukte durch Vorbehandlung und Trocknung ist nicht zu erreichen.

2. Fast alle Rohprodukte sollen nach der Ernte so rasch wie möglich auf den Trockner kommen. Jede Zwischenlagerung reduziert Aroma und Inhaltsstoffe. Ausnahmen bilden nur jene Obstarten, die vor der Genussreife geerntet werden und ihren vollen Geschmack erst während der Lagerung ausbilden (manche Apfel- und Birnensorten).

3. Farbveränderungen sind so gut wie möglich zu vermeiden, werden aber im haushaltsmäßigen Trockenbetrieb nicht ganz verhindert werden können.

4. Bei der Vorbereitung der Rohware ist zu bedenken, dass ein hoher Zerkleinerungsgrad die Trocknung zwar vereinfacht, der Verlust an Inhaltsstoffen aber mit dem Zerkleinerungsgrad steigt. Daher ist der Grundsatz zu beachten: So klein wie notwendig, aber so groß wie möglich!

5. Auf die Einhaltung der richtigen Temperaturen bei der Trocknung ist zu achten. Zu tiefe Temperaturen bedeuten einen zu langsamen Vorgang der Trocknung und damit die Gefahr des Verderbens schon während der Trocknung (Schimmeln und Gären). Zu hohe Temperaturen bedeuten Farbveränderungen und Vitaminverluste sowie ein Aufplatzen der Früchte und einen damit verbundenen Saftaustritt. Ebenso besteht bei hohen Temperaturen die Gefahr des Verhornens und damit eine starke Einschränkung der Wasserabgabe. Das Trockengut selbst (hier ist nicht die Trocknungsluft gemeint!) sollte nicht heißer als 55 °C werden.

Ablaufschema und Gefahrenpunkte bei der Produktion hochwertiger Trockenprodukte

Prozessstufe	Gefahrenpunkte	Auswirkung	Vermeidung
Ernte	Verschmutzung bei der Ernte	Hohe Belastung mit Mikroorganismen	Nicht bei oder unmittelbar nach Regen ernten Nicht zu tief am Boden schneiden
	Ernte falscher Pflanzen	Bei Kräutern: mögliche Vergiftungen	Nur sicher identifizierte Pflanzen ernten
	Ernte falscher Pflanzenteile	Bei Kräutern: Pflanzenteile mit geringem Wirkstoffgehalt	Botanische Grundkenntnisse über die Pflanze und ihre Wirkstoffe
	Ernte unreifer/überreifer Pflanzen	Weniger Aroma und geringer Gehalt an wertvollen Inhaltsstoffen	Kenntnis über den optimalen Reifezustand und gute Zeitplanung der Ernte
Zwischenlagerung bis zur Verarbeitung	Überlagerung	Rückgang der Inhaltsstoffe	Möglichst sofort nach der Ernte verarbeiten
	Erhitzen durch Sonnenbestrahlung oder Selbsterhitzung der Pflanzen	Sehr starker Rückgang der Inhaltsstoffe	Keine Lagerung in großen Schichten oder in der Sonne Gute Belüftung bei der Zwischenlagerung
	Starker Anstieg der Belastung mit Mikroorganismen	Biologischer Verderb	Nur trockene Pflanzen ernten, kurze Zwischenlagerung
Reinigung	Auswaschung von wasserlöslichen Inhaltsstoffen (Vitamine)	Qualitätsverlust des Endproduktes	Erst nach der Reinigung zerkleinern
	Kontamination mit pathogenen (krankheitsauslösenden) Keimen	Unbrauchbare Produkte	Reinigung in sauberen Räumen nur mit Trinkwasser Kein direkter Bodenkontakt des Ernteproduktes
Zerkleinerung/ Aufbereitung	Verlust an sauerstoffempfindlichen Vitaminen und ätherischen Ölen durch zu starke Zerkleinerung	Qualitätsverlust des Endproduktes, weniger Aroma	Nur soweit zerkleinern, wie für eine rasche Trocknung unbedingt notwendig ist

Prozessstufe	Gefahrenpunkte	Auswirkung	Vermeidung
Trocknung	Keimvermehrung durch zu langsames Trocknen	Verderbende bis gesundheitsgefährdende Produkte	So rasch wie möglich trocknen Trocknungsvorgang überwachen
	Kontamination mit Keimen durch unsaubere Geräte und Trocknungseinrichtungen	Verderbende bis gesundheitsgefährdende Produkte	Maschinen, Anlagen und Räume in hygienisch einwandfreiem Zustand erhalten Besonders auf die Trockengitter achten und nur geeignete Materialien verwenden!
	Befall mit Schädlingen	Kontamination mit Keimen und Kot	Insektenschutzgitter verwenden und Tiere aus Betriebsstätten fernhalten Trocknungsvorgang überwachen
	Qualitätsverlust durch Übertrocknen	Rückgang der Inhaltsstoffe, Produkte sind nicht wieder zu rekonstituieren	Nur soweit trocknen, bis eine ausreichende Haltbarkeit gewährleistet ist Trocknungsvorgang überwachen und rechtzeitig abbrechen
	Qualitätsverlust durch zu hohe Trocknungstemperaturen	Verlust an Inhaltsstoffen bis zum Verbrennen der Ware (besonders beim Trocknen im Backofen)	Richtige Trocknungstemperatur wählen und Einhaltung überwachen Den Verlauf der Trocknung berücksichtigen
Verpackung	Qualitätsverlust durch ungeeignete Verpackungsmaterialien Kondenswasserbildung durch Verpacken warmer Trockenprodukte	Muffiger Geschmack, Schimmelbildung, Trockenprodukte nehmen wieder Feuchtigkeit an Schimmelbildung	Geeignete Verpackungsmaterialien wählen Produkte nach dem Trocknen ausreichend lange auskühlen und rasten lassen
Lagerung	Ausbleichen der Trockenprodukte	Verlust an Inhaltsstoffen, Produkte werden unansehnlich	Dunkel lagern
	Hohe Lagertemperaturen	Qualitätsverlust	Kühl lagern
	Zu lange Lagerzeiten	Qualitätsverlust	Nur bis zur nächsten Ernte lagern!
	Schädlingsbefall	Fraßspuren, Kontamination mit Keimen und Kot	In geeigneten Räumen lagern und diese laufend kontrollieren Schädlinge sofort entfernen!

Mit Trockenprodukten kochen

Wenn mit Trockenprodukten gekocht wird, ist die richtige Vor- und Zubereitung ein entscheidender Faktor für das Gelingen und den Geschmack eines Gerichtes. Obst und Gemüse, das nicht zu stark getrocknet wurde, ist leichter zu rekonstituieren. Das heißt, es nimmt wieder leichter Wasser beim Kochen auf und ist dann ähnlich einem Frischprodukt zu behandeln.

Gemüse, Sprossen und Pilze

Verwendung: Pro Person kann mit folgender Menge an Trockengemüse für eine Mahlzeit gerechnet werden:

- für Gemüsegerichte und Eintöpfe: 25–30 g
- für Gemüsesuppen: 15–20 g
- als Suppeneinlage: 5–10 g

Faustregel

100 g Trockengemüse ergeben nach dem Kochen 1000 g (1 kg) tafelfertiges Gemüse.

Erforderliche Wassermenge zum Kochen von Trockengemüse: 100 g Trockengemüse werden in 2 l Wasser oder Suppe/Brühe gekocht.
Einweichzeit: Gemüse muss vor dem Kochen nicht eingeweicht werden. Es hat sich bewährt, das Trockengemüse kalt anzusetzen und 10–15 min zum Aufkochen zu bringen.
Kochdauer: ca. 45–60 min ab dem Aufkochen. Um besonders zart gekochtes Gemüse zu erhalten, sollte Salz erst gegen Ende der Kochzeit beigegeben werden.

Obst

Wenn mit Trockenobst gekocht wird, sind für eine Person 60 g zu verwenden. Wie auch bei Gemüse ergeben 100 g Trockenobst nach dem Kochen 1 kg Kochobst.
Verwendung: als Kompott, für Fruchtjoghurt oder zum Backen.

Der richtige Umgang mit getrockneten Arznei- und Gewürzpflanzen

Arzneipflanzen

Neben der Verwendung genau definierter Pflanzenteile der richtigen Arzneipflanze hat auch die entsprechende Zubereitung entscheidenden Einfluss auf die Wirksamkeit einer Pflanze. Das Ausgangsmaterial für die Zubereitung von medizinisch eingesetzten Pflanzen muss besonders hochwertig sein. Das heißt, neben den erwünschten Inhaltsstoffen darf die Belastung mit Mikroorganismen nur sehr gering sein. Bei einigen Zubereitungsformen (Kaltauszüge, Aufgüsse) werden vorhandene Keime nur unzureichend reduziert und unerwünschte Nebenwirkungen können die Folge sein.

Das sollten Sie beachten

Wenn Heilpflanzen auch in der Behandlung von Kleinkindern oder gesundheitlich geschwächten Personen eingesetzt werden sollen, ist auf besondere Hygiene zu achten. Das beginnt beim Anbau sowie der Ernte über die richtige Trocknung hin bis zur Zubereitung. Oberstes Ziel ist die Produktion von biologisch unbedenklichen Drogen.

Aufguss (Infus)

Die meisten Kräuter werden bei der Teezubereitung mit (kochend) heißem Wasser übergossen und 5–7 Minuten ziehen gelassen.

Darunter ist die klassische Zubereitung eines Teegetränkes zu verstehen. Diese Zubereitungsform wird für Arzneipflanzen mit ätherischen Ölen verwendet.

Zubereitung: 1 TL Drogen/Tasse werden mit kochendem Wasser übergossen und zugedeckt. 5–10 min zugedeckt ziehen lassen. Nach dem Abseihen kann der Tee getrunken werden. Zur Schonung der ätherischen Öle wäre es besser, mit nur 75 °C heißem Wasser zu übergießen. Dann ist aber eine ausreichende Reduktion von eventuell vorhandenen Mikroorganismen nicht gewährleistet. Pflanzen mit ätherischen Ölen duften stark aromatisch.

Kaltauszug (Mazerat)

Schleimstoffhaltige Pflanzenteile dürfen nur kalt angesetzt werden, da Schleimstoffe durch Hitze zerstört werden.

Schleimstoffe sind hitzeempfindlich und werden durch Kochen zerstört. Daher werden Pflanzenauszüge aus Drogen mit hohem Schleimstoffgehalt durch Mazeration in kaltem Wasser hergestellt. Vor dem Trinken wird der Auszug leicht erwärmt.

Zubereitung: 1 TL Drogen/Tasse wird mit kaltem Trinkwasser übergossen; dann 12 Stunden ziehen lassen. Anschließend wird der Auszug abgeseiht und in kleinen Schlucken getrunken. Pflanzen mit Schleimstoffen sind: Leinsamen, Wilde Malve, Eibisch.

Abkochung (Dekokt)

Harte Pflanzenteile werden einige Minuten lang gekocht.

Aus harten und holzigen Pflanzenteilen (Hölzer, Rinden und einigen Wurzeln) werden die Inhaltsstoffe mittels Abkochung gelöst.

Zubereitung: Pflanzenteile im Verhältnis 1:10 mit kaltem Wasser ansetzen und zum Kochen bringen. Nach 10 min Kochdauer wird abgeseiht. Die Abkochung kann nach dem Abkühlen auf Trinktemperatur genossen werden.

Ölauszug

20 g getrocknete Pflanzen (Drogen) werden mit 300 ml eines hochwertigen Pflanzenöles in einem Glasgefäß übergossen. Es sollten alle Pflanzenteile mit Öl bedeckt sein. 2–3 Wochen warm, aber vor Sonnenlicht geschützt, extrahieren lassen. (Nur Johanniskraut darf während der Extraktion direkt von Sonnenlicht bestrahlt werden!) Während der Extraktionszeit mehrmals umrühren oder schütteln. Anschließend durch ein feines Sieb oder ein Tuch abseihen und dunkel und kühl aufbewahren. Ölige Auszüge können als Einreibungen oder als Grundlage zur Salbenherstellung verwendet werden.

Pflanzenauszüge, gleichgültig ob mit Öl oder Alkohol, nicht in die Sonne stellen!

Gewürzpflanzen

Zur Schonung der Inhaltsstoffe während der Lagerung sollen möglichst ganze Blätter und unbeschädigte Pflanzenteile aufbewahrt werden. Erst unmittelbar vor der Verwendung werden die getrockneten Pflanzenteile zerkleinert. Das geschieht durch das Zerreiben mit den Fingern, Zerstoßen im Gewürzmörser oder Zerkleinern in der Küchenmaschine. Einige Gewürzdrogen lassen sich auch in der Pfeffermühle mahlen. Damit kann unmittelbar beim Kochen das volle Aroma der Gewürze in die Speisen gebracht werden. Wie schon mehrfach erwähnt, sollte nur so viel von einer Gewürzpflanze gelagert werden, wie innerhalb einer Saison verbraucht werden kann. Auf diese Weise hat man stets frische Gewürze zur Verfügung.

Aufbewahrung und Lagerung von Trockengut

Ausgekühlt: Wird das Trockengut zu früh, also noch warm verpackt, kann es zum Schwitzen, zur Schimmelbildung und zu muffigem Geschmack kommen.

Trocken: Getrocknete Lebensmittel nehmen aus der Luft wieder Feuchtigkeit auf, daher müssen sie in trockenen Lagerräumen untergebracht werden. Besonders trifft das auf Pulver aus Trockenprodukten zu. Diese sind sehr hygroskopisch (wasseranziehend).

Die Restfeuchte ist optimal bei 12 % und sollte maximal 15 % betragen. Das Verpackungsmaterial muss luftdicht verschließbar sein und darf selbst keine Feuchtigkeit anziehen. Sehr gut erfüllen Glasdosen mit Schraubverschluss oder verschweißbare Kunststoffsäckchen die erwünschten Eigenschaften. Zur Schonung des Produktes wären dunkle Gläser und lichtundurchlässige Säckchen wünschenswert. Der Kunde kauft aber weit lieber gut sichtbare Produkte. Daher wird man im Sinne eines besseren Absatzes die „attraktiveren" Verpackungen bevorzugen und bei der Schonung des Produktes Kompromisse eingehen müssen.

Dunkel: Unter Lichteinwirkung, damit ist nicht nur direktes Sonnenlicht,

In einem durchsichtigen Sackerl (Blockbodenbeutel) sehen die getrockneten Pflanzen sehr ansprechend aus. Allerdings leidet bei dieser Art der Verpackung das Trocknungsgut durch die Einwirkung des Lichtes – das gilt für Sonnenlicht genauso wie für künstliche Beleuchtung!

sondern auch künstliche Beleuchtung in Lager- und Verkaufsräumen gemeint, treten Farbveränderungen auf. Trockenprodukte bleichen aus und wertgebende Inhaltsstoffe werden zerstört. Daher sollte unbedingt für dunkle Lagerbedingungen gesorgt werden.

Kühl: Auch bei Trockenprodukten begünstigt eine kühle Lagerung den Erhalt der Inhaltsstoffe. Lagertemperatur zwischen 0 und 12 °C sind ideal. Die meist warme und oft auch feuchte Küche ist daher kein guter Lagerraum für Trockenprodukte.

Übersichtlich: Eine ständige Kontrolle auf Schimmelpilze und tierische Schädlinge kann vor bösen Überraschungen bewahren. Es ist auch wichtig, Schimmelpilze oder Schädlinge sofort zu erkennen, damit eine Ausbreitung auf weitere Produkte verhindert werden kann. Lagerbehälter müssen gut lesbar mit dem Namen des Inhaltes und dem Datum der Verarbeitung beschriftet werden. Getrocknete Produkte sind häufig nicht leicht zu unterscheiden.

Kurz: Eine Lagerdauer über mehrere Jahre ist nicht sinnvoll. Wenn möglich, sollten alle Vorräte bis zur nächsten Ernte aufgebraucht werden. Längere Lagerzeit bedeutet eine verringerte Qualität. Das ist besonders beim Aroma leicht zu bemerken.

Orangen im Glas: Gut schließende Glasgefäße sind hervorragend zur Aufbewahrung von Trockenprodukten geeignet. Sie sollten lichtgeschützt aufgestellt werden.

Vorratsschädlinge

Es gibt eine große Zahl an Schädlingen, die in der Produktion von Trockenprodukten vom Anbau bis zur Lagerung große Probleme verursachen können. Hier sollen nur jene Vertreter näher behandelt werden, die als häufige Vorratsschädlinge bei der Lagerung von Trockenprodukten vorkommen. Wenn ein Befall mit Schädlingen nicht ausreichend verhindert werden kann oder das Auftreten bald erkannt wird, kann der gesamte Lagerbestand gefährdet sein. Befallene Produkte sind nicht „verkehrsfähig" und müssen vernichtet werden. Beim ersten Anzeichen von Befall mit Schädlingen können die tierischen Schädlinge durch Einfrieren getötet werden.

Insekten

Tau- oder Essigfliege *(Drosophila ssp.)*

Tau- oder Essigfliegen werden auch als Fruchtfliegen bezeichnet. Es sind kleine 2–3 mm lange, gelbbraune Fliegen. Sie bevorzugen gärende, vergorene oder faulende pflanzliche Substanzen. Dort kommt es dann zur Ablage der Eier. Die Maden ernähren sich von den verrottenden pflanzlichen Substanzen und von den dort gebildeten Bakterien, Hefen und Pilzen. Größere Probleme treten besonders bei zu langer Lagerung von Rohwaren in den warmen Sommermonaten auf. Wenn bei natürlicher Trocknung sehr geringe Temperaturen vorherrschen und der Trocknungsvorgang zu langsam verläuft, können an feuchten Pflanzenteilen während der Trocknung Gärprozesse eintreten. Dort ist ein Befall mit Essigfliegen programmiert. Der Trocknungsvorgang muss dann abgebrochen und die Ware weggeworfen werden. Bei zügiger künstlicher Trocknung bereitet die Essigfliege keine Probleme. Temperaturbereiche über 30 °C werden von ihr gemieden.

Probleme treten vor allem bei zu langer Lagerung von Rohware auf.

Aufgrund ihrer Vorliebe für Obst können die Fliegen lästig werden. Vor allem in Obst verarbeitenden Betrieben sind sie häufig ein Problem. Aber auch im häuslichen Bereich, an Obstschalen oder Biotonnen, können sie sehr unangenehm sein. Sie übertragen Mikroorganismen wie Hefepilze und Essigbakterien, die die Nahrungsmittel zersetzen.

Wespe *(Paravespula germanica u. vulgaris)*

Die Wespe stellt beim Trocknen nur dann ein Problem dar, wenn sie ungehindert an zuckerhaltige pflanzliche Produkte gelangen kann. Normalerweise setzen die Wespen ihren Stachel bei Menschen nur in Not, sprich zur Verteidigung ein.

Ihre Stiche sind sehr schmerzhaft und für Menschen mit einer Wespengiftallergie eine große Gefahr. Wespen flüchten vor Zugluft und sind daher bei Trocknungsanlagen mit starker Luftbewegung kein Problem.

Gemüse und Kräuter werden von Wespen kaum angeflogen.

Gemüse und Kräuter werden von Wespen kaum angeflogen. Bei natürlicher Trocknung von Obst müssen die in freier Natur als Nützlinge sehr wichtigen Insekten mit Schutznetzen ferngehalten werden. Vor natürlicher Trocknung ist aber aus vielen bereits genannten Gründen grundsätzlich abzuraten.

Dörrobstmotte *(Piodia interpunctella)* / Mehlmotte *(Ephestia kuehniella)* / Speicher-, Heu- und Kakaomotte *(Ephestia elutella)* / Dattelmotte *(Ephestia cautella)*

Die Nahrungsmittelmotten haben sich zu den häufigsten Schädlingen in Industrie, Handel und Haushalten entwickelt. Die Falter haben eine Flügelspannweite von 20 mm. Der körpernahe Teil der Vorderflügel ist gelbgrau, die Flügelspitze rotbraun bis kupferrot. Ein Weibchen legt 200 bis 400

Lebensmittelmotten ernähren sich hauptsächlich von trockenen Lebensmitteln.

Eier. Die Larven werden bis 16 mm groß und variieren in der Farbe je nach Nahrung von weißlich nach grünlich oder rötlich. Lebensmittelmotten befallen alle Arten von trockenen Lebensmitteln. Man findet sie häufig bei Trockenobst, Nüssen, Schokolade, Getreide, Gewürzen. An frischen Lebensmitteln finden sie keinen Gefallen, daher sind diese Lebewesen im Gegensatz zu den oben beschriebenen Insekten als echte Vorratsschädlinge zu bezeichnen. Beim Getreide fressen die Larven die Keimanlage der Körner heraus; an Lebensmitteln findet man Lochfraß. Die Nahrungsmittel werden durch Spinntätigkeit und Kotkrümel stark verunreinigt. Lebensmittelmotten bevorzugen Wärme und sind daher besonders im Sommer, aber auch in warmen Wohnungen häufig aktiv. Kühle Lagerung von Trockenprodukten ist eine wichtige Maßnahme zur Eindämmung dieser Schädlinge. Unter 5–8 °C treten kaum Probleme auf. Motten können sich durch verschiedenste Verpackungsmaterialien bohren und gelangen durch sehr enge Ritzen. Daher sind auch Produkte in Behältnissen mit Schraubverschluss nicht sicher. Bei geringem Befall wirkt die Aufstellung von Pheromon-Lockstofffallen. Bei starkem Befall kann mit diesen Fallen allerdings lediglich ein Auftreten der Schädlinge diagnostiziert werden.

Nagetiere

Hausmaus *(Mus musculus, Mus domesticus)* / Hausratte *(Rattus rattus)* / Wanderratte *(Rattus norvegicus)*

Mäuse und Ratten können Krankheiten übertragen und sind unbedingt aus Lager- und Verarbeitungsräumen fernzuhalten.

Mäuse und Ratten sind häufig anzutreffen und Schädlinge in allen Lebensbereichen. Sie haben eine große Anpassungsfähigkeit und sind das ganze Jahr über in Lagerräumen und Wohnungen aktiv. Nur tiefgekühlte Vorräte sind sicher. Lebensmittel werden verunreinigt und sind für den menschlichen Verzehr nicht mehr geeignet. Darüber hinaus werden von diesen Nagetieren Krankheiten übertragen. Sie müssen unbedingt von Verarbeitungs- und Lagerräumen ferngehalten werden, und bei ersten Anzeichen von Mäusen und Ratten sind unverzüglich Gegenmaßnahmen einzuleiten. Für die Bekämpfung ist ein übersichtliches und sauberes Lager vorteilhaft. Es dürfen auch keine Spalten und Ritzen als Fluchtort dienen. Bei stärkerem Befall sollte an die Hilfe durch einen professionellen Schädlingsbekämpfer gedacht werden.

In-Verkehr-Bringen von (getrockneten) Lebensmitteln

Das sollten Sie beachten

„In-Verkehr-bringen" heißt: Das Bereithalten von Lebensmitteln für Verkaufszwecke oder jede andere Form der Weitergabe an Dritte, gleichgültig, ob entgeltlich oder nicht. Das heißt, auch das Verschenken von Produkten oder Anbieten von Kostproben ist eine Form des In-Verkehr-Bringens!

Werden Lebensmittel „in Verkehr gebracht", müssen folgende Elemente auf dem Etikett gut lesbar aufgedruckt sein (Grundlage ist die Lebensmittelkennzeichnungsverordnung [LMKV]):

- Verkehrsbezeichnung = Name des Lebensmittels, z. B. Trockenäpfel oder Dörräpfel
- Herkunftsnachweis: Name und Anschrift des Erzeugers oder Verkäufers
- Zutatenverzeichnis:
  - erforderliches Wort: „Zutaten"
  - sämtliche Zutaten und Zusatzstoffe und Inhaltsstoffe von zusammengesetzten Zutaten
  - in absteigender Reihenfolge
  - bei nur einer Zutat ist kein Zutatenverzeichnis erforderlich (z. B. Dörräpfel)
  - Zutaten, die Allergien auslösen können, so genannte allergene Stoffe:
    - glutenhaltiges Getreide (Weizen, Roggen, Gerste, Hafer, Dinkel, Kamut)
    - Eier, Fisch, Erdnüsse, Milch, Soja, Schalenfrüchte (Mandel, Haselnuss, Walnuss, Cashewnuss, Pecannuss, Paranuss, Pistazie, Macadamianuss und Queenslandnuss)
    - Sellerie, Senf, Sesamsamen
    - Schwefeldioxid und Sulfite in einer Konzentration von mehr als 10 mg/kg oder 10 mg/l, als SO_2 angegeben
- Mengenkennzeichnung von Zutaten in % (QUID-Regelung): Bei textlich oder bildlich hervorgehobenen Zutaten (z. B. Kräutertee mit Ringelblume), außer, die Zutat ist geringer als 5 %.
- Mindesthaltbarkeitsdatum oder Verbrauchsdatum: Wortlaut: „Mindestens haltbar bis ..."

Alle Arbeitsschritte, vom Anbau bis zum Verkauf eines Produktes, sollten nachvollziehbar sein. Eine sehr genaue Dokumentation ist daher unerlässlich.

Bestimmung des Mindesthaltbarkeitsdatums (MHD)

Jeder Erzeuger von Lebensmitteln muss das Mindesthaltbarkeitsdatum in eigener Verantwortung festlegen. Das Datum ist so festzulegen, dass innerhalb der Ablauffrist das Produkt die vom Konsumenten erwarteten Eigenschaften besitzt und nicht gesundheitsschädlich ist. Das heißt im konkreten Fall der Trockenprodukte: Geschmack, Geruch, Aussehen und Konsistenz müssen für das einwandfreie Produkt typisch sein und dürfen sich innerhalb des Mindesthaltbarkeitszeitraumes nicht wesentlich verändern. Dies wird im gegebenen Fall bei richtiger Lagerung innerhalb eines, in günstigen Fällen in bis zu zwei Jahre erfüllt sein.

- Füllmenge in Gramm bzw. Litern. Ausnahme: Angabe der Füllmenge ist auf der Verpackung deutlich aufgedruckt. Das ist bei Flaschen und Gläsern oft der Fall.
- Alkoholgehalt: bei Getränken mit mehr als 1,2 % vol Alkohol.
- Loskennzeichnung: Bezeichnung der Chargennummer. Der Chargennummer muss der Buchstabe L: vorangestellt werden. Die Chargennummer dient dazu, eine Produktions-Charge eindeutig zu identifizieren. Die Chargennummer kann beliebig gewählt werden, sie muss aber mit den Aufzeichnungen über die Produktion übereinstimmen. Die Loskennzeichnung kann nur entfallen, wenn MHD (Mindesthaltbarkeitsdatum) tagesgenau angegeben wird (z. B. mindestens haltbar bis: 18. April 2011).

Grundsätze und Leitlinien der Guten Landwirtschaftlichen Praxis (GAP)

Einleitung

0.1 Anwendungsbereich: Die Leitlinien für die Gute Landwirtschaftliche Praxis von Arznei- und Gewürzpflanzen sind zur Anwendung in Anbau und Primärverarbeitung aller solcher Pflanzen vorgesehen, die in der Europäischen Union gehandelt und verwendet werden. Deshalb beziehen sie sich auf die Produktion aller derartigen pflanzlichen Materialien, die in Lebensmittel-, Futtermittel-, Arzneimittel-, Aromastoff- und Parfümindustrie verwendet werden. Sie beziehen sich auch auf alle Methoden der Produktion einschließlich des ökologischen Landbaus in Übereinstimmung mit europäischen Regelungen.

0.2 Umwelt: Die mit der Pflanzenproduktion befassten Anbauer müssen sicherstellen, dass eine Schädigung existierender Wild-Lebensräume vermieden wird und dass sie Anstrengungen unternehmen, die Biodiversität ihrer Produktionsbetriebe zu erhalten und zu vergrößern. Wildsammlungen können durch eine spezielle Leitlinie geregelt werden.

0.3 Die vorliegenden Leitlinien für eine Gute Landwirtschaftliche Praxis (GAP = Good Agricultural Practice; Gute-Anbau-Praxis) stellen insoweit eine ergänzende Anleitung für die Produktion und die Verarbeitung des Rohmaterials dar, als sie schwerpunktmäßig auf diejenigen kritischen Maßnahmen abheben, die zur Einhaltung einer guten Qualität notwendig sind. Es wird dabei angestrebt, unzureichende Qualität durch Prävention zu minimieren.

0.4 Ein Hauptziel ist es sicherzustellen, dass das pflanzliche Rohmaterial den Erwartungen der Verbraucher und damit höchsten Qualitätsansprüchen genügt. Dazu gehört insbesondere, dass es

- hygienisch produziert wird, um mikrobiologischen Befall gering zu halten;
- sorgfältig hergestellt wird, um negative Einflüsse während Anbau, Verarbeitung und Lagerung einzuschränken.

Da im Laufe des Produktionsprozesses die Arznei- und Gewürzpflanzen und daraus erzeugte Produkte einer Vielzahl von mikrobiologischen und anderen Verunreinigungen ausgesetzt sind, besteht das Hauptziel der vorliegenden Richtlinien darin, dem Erzeuger Hinweise zu geben, um derartige Verunreinigungen von pflanzlichem Material weitestgehend zu vermeiden.

0.5 Alle Teilnehmer des Produktionsprozesses (vom Erzeuger bis zum Vertreiber) sind dazu aufgefordert, diese Anleitungen freiwillig einzuhalten und praktische Maßnahmen zu entwickeln, um diese Richtlinien umzusetzen.

Erzeuger, Händler und Verarbeiter von Arznei- und Gewürzpflanzen, insbesondere von teeähnlichen Erzeugnissen und pflanzlichen Arzneimitteln, sollten diese GAP-Regeln einhalten, dies in Form einer Chargen-Dokumentation (Way Bill) dokumentieren und von ihren Vertragspartnern ebenfalls deren Einhaltung verlangen.

Jungpflanzen für den Anbau von Arznei- und Gewürzpflanzen

1. Saatgut und Vermehrungsmaterial

1.1 Das verwendete Saatgut muss botanisch definiert sein, einschließlich der Angaben zu Varietät, Sorte, Chemotyp und Herkunft. Das verwendete Material sollte 100%ig nachvollziehbar sein. Gleiches gilt für vegetativ vermehrtes Ausgangsmaterial. Ausgangsmaterial, das im ökologischen Landbau verwendet wird, muss als solches zertifiziert sein.

1.2 Das Ausgangsmaterial sollte den Anforderungen/Standards bezüglich Reinheit und Keimfähigkeit entsprechen (wo verfügbar, sollte zertifiziertes Saat- bzw. Vermehrungsmaterial verwendet werden). Das Ausgangsmaterial sollte möglichst frei von Schädlingen und Krankheiten sein, um ein gesundes Pflanzenwachstum sicherzustellen. Soweit es resistente oder tolerante Arten oder Herkünfte gibt, sollten diese bevorzugt werden.

1.3 Das Vorkommen von nicht art-/sortenidentischen Pflanzen und Pflanzenteilen ist im Laufe des ganzen Produktionsprozesses (Anbau, Ernte, Trocknen, Verpacken) ständig zu kontrollieren. Solche Verunreinigungen sind umgehend zu eliminieren. Pflanzliches Material oder Saatgut, das aus genetisch veränderten Organismen stammt oder diese umfasst, muss in Übereinstimmung mit nationalen und europäischen Regelungen stehen.

2. Anbau

2.1 In Abhängigkeit von der Art des Anbaus, beispielsweise konventioneller oder ökologischer Anbau, sollte es den Anbauern erlaubt sein, unterschiedlichen (zu erarbeitenden) Standard Operating Procedures (Standardverfahrensanweisungen) für den Anbau zu folgen. Allgemein sollte Sorgfalt aufgewandt werden, um Umweltbeeinträchtigungen zu vermeiden. Die Prinzipien des guten Ackerbaus einschließlich einer angemessenen Rotation der Kulturen müssen befolgt werden.

Schnelles und genaues Auspflanzen von Jungpflanzen mit einer Setzmaschine

2.2 Boden und Düngung

2.2.1 Arznei- und Gewürzpflanzen können nicht auf Böden angebaut werden, die mit Klärschlamm verunreinigt sind. Die Böden sollten außerdem nicht mit Schwermetallen, Rückständen von Pflanzenschutzmitteln und anderen nicht natürlich vorkommenden Chemikalien usw. kontaminiert sein. Aus diesem Grunde sollte ein minimal wirksamer Chemikalieneinsatz angestrebt werden.
2.2.2 Organische Dünger sollten frei von menschlichen Fäkalien sein und vor der Verwendung gut kompostiert werden.
2.2.3 Alle anderen Düngungsmittel sollten sparsam und nach dem Bedarf der Pflanze und der einzelnen Art verwendet werden (einschließlich der Anwendung zwischen den Ernten). Der Gebrauch von Düngemitteln sollte im Einklang mit den Bemühungen stehen, eine Auswaschung gering zu halten.

2.3 Bewässerung

2.3.1 Bewässerung sollte so weit wie möglich minimiert werden und nur entsprechend dem Bedarf der Pflanze angewendet werden.
2.3.2 Das zur Bewässerung verwendete Wasser sollte nationalen und möglichen europäischen Qualitätsstandards entsprechen und frei von Verunreinigungen wie Fäkalien, Schwermetallen, Pestiziden, Herbiziden und anderen toxikologisch bedenklichen Stoffen sein.

4 2.4 Pflanzenpflege und Pflanzenschutz

2.4.1 Die Bodenbestellung sollte an Wachstum und Bedürfnisse der Pflanze angepasst sein.
2.4.2 Die Anwendung von Pflanzenschutzmitteln sollte weit möglichst vermieden werden. Soweit notwendig, sollte sie mit der minimal wirksamen Menge zugelassener Pflanzenschutzmittel durchgeführt werden. Rückstände an Pflanzenschutzmitteln müssen den zulässigen Höchstmengen der Europäischen Union (Europäisches Arzneibuch, Europäische Richtlinien, Codex Alimentarius) entsprechen. Die Anwendung und La-

Mechanische Unkrautbekämpfung ist arbeitsintensiv, aber sehr positiv für den sorgsamen Umgang mit der Natur.

gerung von Pflanzenschutzmitteln muss nach den Prinzipien der guten fachlichen Praxis des Pflanzenschutzes und in Übereinstimmung mit den gesetzlichen Regelungen des jeweiligen Landes erfolgen.

Die Anwendung darf nur durch sachkundiges Personal unter Verwendung zugelassener Geräte durchgeführt werden. Die Anwendung sollte vor der Ernte in einer Zeitspanne erfolgen, die entweder durch den Verkauf bestimmt wird oder durch die Zulassung/Genehmigung des Pflanzenschutzmittels festgelegt ist.

Der Einsatz von Pestiziden und Herbiziden muss dokumentiert werden.

2.4.3 Alle Maßnahmen der Pflanzenernährung und des chemischen Pflanzenschutzes sollten die Verkehrsfähigkeit des Produktes gewährleisten. Es ist obligatorisch, dass der Abnehmer der Ware schriftlich über Art, Menge und Zeitpunkt des Einsatzes dieser Mittel informiert wird.

3. Ernte

3.1 Die Ernte sollte dann stattfinden, wenn die Pflanzen eine bestmögliche Qualität hinsichtlich ihres Verwendungszweckes haben.

3.2 Die Ernte sollte nach Möglichkeit unter trockenen Bedingungen erfolgen (Bodennässe, Tau, Regen oder außergewöhnlich hohe Luftfeuchtigkeit können ungünstig sein). Wird die Ernte unter feuchten Bedingungen durchgeführt, ist besondere Vorsicht geboten, um einen ungünstigen Einfluss der Feuchtigkeit zu vermeiden.

Erntegerät

3.3 Verwendete Geräte sollten sowohl sauber als auch in technisch einwandfreiem Zustand sein. Diejenigen Maschinenteile, die mit dem Erntegut einschließlich ihres Gehäuses in Berührung kommen, sollten regelmäßig gereinigt werden und frei von Öl und sonstigen Verunreinigungen (einschließlich Resten pflanzlichen Materials) sein.

3.4 Schnittvorrichtungen von Erntemaschinen müssen so eingestellt werden, dass das Aufnehmen von Erdreich auf ein Minimum beschränkt werden kann.

3.5 Bei der Ernte muss darauf geachtet werden, dass keine toxischen Unkräuter in das Erntegut gelangen.

3.6 Beschädigtes und verdorbenes pflanzliches Material muss sofort aussortiert werden.

3.7 Sämtliche Behältnisse, die für die Ernte verwendet werden, müssen sauber und frei von Rückständen von vorherigem Erntegut sein; nicht in

Gebrauch befindliche Behältnisse sind trocken, frei von Schädlingen und unzugänglich für Mäuse und andere Nagetiere sowie Nutz- und Haustiere aufzubewahren.
3.8 Das Erntegut sollte nicht direkt mit dem Boden in Kontakt kommen (siehe auch: 4.7). Es muss sofort gesammelt werden und unter trockenen, sauberen Umständen (z. B. in Säcken, Körben, Hängern oder Containern usw.) zum Transport gelangen.
3.9 Mechanische Beschädigung und Verdichten des Erntegutes usw., wodurch es zu unerwünschten Qualitätsänderungen kommen könnte, müssen vermieden werden. Dabei ist zu beachten, dass

- Säcke nicht überfüllt werden,
- durch Aufstapeln der Säcke keine Verdichtung eintritt,
- das Erntegut so transportiert und in Containern oder Beuteln/Säcken gelagert wird, dass das Auftreten von Erhitzung vermieden wird.

3.10 Die Anlieferung des frisch geernteten Pflanzenmaterials an den Verarbeitungsbetrieb muss so schnell wie möglich erfolgen, um Erhitzung zu vermeiden.
3.11 Das Erntegut muss vor Schädlingen, Mäusen/Nagetieren und Haustieren geschützt werden. Maßnahmen zur Schädlingsbekämpfung sollten dokumentiert werden.

4. Primäre Verarbeitung/Nachernteverfahren

Die primäre Verarbeitung nach der Ernte schließt Schritte der Aufbereitung wie Waschen, Einfrieren, Destillieren, Trocknen usw. ein. Alle diese Prozesse sowohl für Lebensmittel als auch für Arzneimittel müssen den europäischen und nationalen Regelungen entsprechen.
4.1 Bei der Ankunft im Verarbeitungsbetrieb muss das Erntegut sofort entladen und ausgepackt werden. Vor der Verarbeitung sollte das Material nicht direkt der Sonne ausgesetzt werden (außer wenn eine besondere Notwendigkeit hierzu besteht, z. B. bei Destillation), und es muss vor Regen geschützt werden.
4.2 Die Gebäude, die für die Verarbeitung von Erntegut verwendet werden, müssen sauber und gründlich belüftet sein und dürfen niemals für die Unterbringung von Tieren genutzt werden.
4.3 Die Gebäude müssen so gebaut sein, dass ein Schutz des Erntegutes vor Vögeln, Insekten, Nagetieren sowie Haustieren gegeben ist. In allen Lager- (einschließlich Verpackungs-) und Verarbeitungsbereichen müssen angemessene Schädlingsbekämpfungsmaßnahmen wie z. B. Fallen und elektrische Insektenbekämpfungsgeräte zur Anwendung gebracht und durch professionelles qualifiziertes Personal oder Vertragsunternehmer instand gehalten werden.
4.4 Trocknungsanlagen und Trockengestelle müssen sauber gehalten und regelmäßig gewartet werden.
4.5 Bei Lufttrocknung muss das Erntegut in dünnen Schichten ausgelegt werden. Um eine ungehinderte Luftzirkulation sicherzustellen, müssen

Verarbeitungsraum: Alle Flächen im Arbeitsraum müssen unbeschädigt sein und sich gut reinigen lassen. Überdies müssen entsprechende Möglichkeiten für Personalhygiene vorhanden sein.

die Trocknungsrahmen in einem ausreichenden Abstand vom Boden aufgestellt werden. Es müssen Anstrengungen unternommen werden, eine gleichmäßige Trocknung des Erntegutes zu erreichen und dadurch eine Schimmelbildung zu vermeiden.

Bei der künstlichen Trocknung mit Ölfeuerung dürfen die Abgase nicht zur Trocknung (wieder)verwendet werden. Eine Direkttrocknung sollte nicht gestattet sein – außer mit Butan-, Propan- oder Erdgas-Brennern.

4.6 Außer in den Fällen von Lufttrocknung im Freien müssen die Bedingungen (z. B. Temperatur, Dauer usw.) so ausgewählt werden, dass der Art (z. B. Wurzel, Blatt oder Blüte) und dem Gehalt wirksamer Bestandteile (z. B. ätherische Öle und andere) der herzustellenden Droge Rechnung getragen wird.

Die Trocknungsbedingungen sollten dokumentiert werden.

4.7 Eine Trocknung direkt auf dem Boden und unter unmittelbarer Einwirkung von Sonnenlicht sollte vermieden werden, sofern es nicht für eine bestimmte Pflanze erforderlich ist.

4.8 Sämtliches Material muss verlesen oder gesiebt werden, um unter dem Standard liegende Produkte und Fremdkörper zu eliminieren. Die Siebe müssen in einem sauberen Zustand gehalten werden und sollten regelmäßig gewartet werden.

4.9 Es sollten deutlich als solches gekennzeichnete Abfallbehälter bereitgehalten, täglich entleert und gereinigt werden.

4.10 Getrocknetes Erntegut sollte aus Gründen des Schutzes und zur Verringerung eines Schädlingsbefallrisikos unverzüglich abgepackt werden.

Für Trockenprodukte gibt es im Handel eine große Zahl an Verpackungsmaterialien.

5. Verpacken

5.1 Nach der erneuten Kontrolle und eventuellen Entfernung von minderwertigen Materialien und fremden Bestandteilen sollte die gut getrocknete Droge in sauberen und trockenen, wenn möglich neuen Säcken, Beuteln oder Kisten verpackt werden. Die Beschriftung muss deutlich, dauerhaft angebracht und aus nichttoxischem Material sein. Sie muss den europäischen und nationalen Beschriftungsregelungen entsprechen.

5.2 Das Packmaterial sollte an einem sauberen und trockenen Platz gelagert werden, der frei von Schädlingen und unzugänglich für Vieh und Haustiere ist. Es muss sichergestellt sein, dass keine Kontamination des

Produktes durch die Verwendung von Verpackungsmaterial, insbesondere im Fall von Fasersäcken, eintritt.

5.3 Wieder verwendbares Verpackungsmaterial sollte vor erneuter Verwendung gut gereinigt und vollständig getrocknet werden. Es muss sichergestellt sein, dass keine Kontamination durch die Wiederverwendung von Sackmaterial erfolgt.

6. Aufbewahrung und Transport

6.1 Verpacktes getrocknetes Material und ätherische Öle sollen in einem trockenen, gut belüfteten Gebäude gelagert werden, in dem tägliche Temperaturschwankungen begrenzt sind und eine gute Belüftung gegeben ist. Frische Produkte (ausgenommen Basilikum) sollten zwischen 1 °C und 5 °C gelagert werden, gefrorene Produkte unterhalb von minus 18 °C (oder unterhalb von minus 20 °C für längere Lagerung). Die Lagerung von ätherischen Ölen muss angemessenen Standards für die Lagerung von Chemikalien entsprechen.

6.2 Zum Schutz vor Schädlingen, Vögeln, Nagetieren und Haustieren sind Fenster- und Türöffnungen z. B. durch Drahtgitter zu schützen.

6.3 Es wird empfohlen, verpacktes, getrocknetes Erntegut folgendermaßen aufzubewahren:

- in Gebäuden mit Betonböden oder ähnlichen leicht zu reinigenden Böden,
- auf Paletten.
- mit ausreichendem Abstand zur Wand und sorgfältig getrennt von anderem Erntegut zur Vermeidung von Verwechslung, Vermischung und gegenseitiger Beeinflussung.
- Produkte aus ökologischem Landbau sind getrennt aufzubewahren.

6.4 Im Falle von Bulk-Lieferungen ist für trockene Bedingungen zu sorgen, und zusätzlich ist es zur Verringerung des Risikos von Schimmelbildung und enzymatischen Prozessen äußerst empfehlenswert, belüftete Container zu verwenden. Hilfsweise werden ausreichend belüftete Transportfahrzeuge und andere belüftete Einrichtungen empfohlen. Der Transport von ätherischen Ölen muss den einschlägigen Bestimmungen entsprechen. Nationale und europäische Transportregelungen sind zu berücksichtigen.

6.5 Begasung gegen Schädlingsbefall sollte nur durchgeführt werden, sofern dies notwendig ist, und darf nur durch geschultes Personal erfolgen. Es dürfen nur zugelassene Begasungsmittel Verwendung finden. Jede Begasung gegen Schädlingsbefall sollte in der Dokumentation aufgeführt werden.

6.6 Für die Begasung von Lagern sollen entsprechend den europäischen oder nationalen Regelungen nur zugelassene Substanzen verwendet werden.

6.7 Wenn Tiefkühlung oder gesättigter Dampf für die Schädlingsbekämpfung eingesetzt werden, muss die Feuchtigkeit des Materials nach der Behandlung überprüft werden.

7. Ausrüstung

7.1 Geräte für den Anbau und die Verarbeitung pflanzlichen Materials sollten zur Vermeidung eines Kontaminationsrisikos leicht zu reinigen sein.
7.2 Alle Maschinen sollten so aufgestellt sein, dass sie leicht zugänglich sind. Sie müssen gut gewartet und regelmäßig gereinigt werden. Die Geräte zur Anwendung von Düngemitteln und Pflanzenschutzmitteln müssen regelmäßig geeicht werden.
7.3 Vorzugsweise sollten nicht aus Holz bestehende Geräte verwendet werden, soweit dies nicht von der Tradition gefordert wird. Wenn Geräte aus Holz, z. B. Paletten, Horden, Bunker usw. verwendet werden, sollten sie nicht in direkten Kontakt mit Chemikalien und kontaminiertem/infiziertem Material kommen, um eine Verunreinigung pflanzlichen Materials zu vermeiden.

8. Personal und Einrichtungen

8.1 Das Personal sollte vor der Durchführung von Aufgaben, die solche Kenntnisse verlangen, eine angemessene botanische Ausbildung erhalten.
8.2 Alle Arbeitsvorgänge sollten vollständig sowohl mit der EU-Richtlinie über Lebensmittelhygiene als auch mit den allgemeinen Grundsätzen der Lebensmittelhygiene des Codex Alimentarius in Übereinstimmung stehen sowie mit der europäischen Richtlinie über die Gute Herstellungspraxis (Good Manufacturing Practice = GMP).
8.3 Mitarbeitern, die mit dem Umgang mit pflanzlichem Material betraut sind (auch diejenigen, die auf dem Feld arbeiten), sollte ein hohes Maß an persönlicher Hygiene abverlangt werden, und sie sollten eine adäquate Schulung in Bezug auf ihre Verantwortlichkeiten im Hinblick auf Hygiene erhalten haben.

Die Gebäude, in denen die Verarbeitung der Pflanzen stattfindet, müssen mit Umkleideeinrichtungen sowie Toiletten mit Handwaschgelegenheiten entsprechend den einschlägigen Regelungen ausgestattet sein.
8.4 Soweit Mitarbeiter bekanntermaßen unter durch Lebensmittel übertragbare Krankheiten einschließlich Diarrhoe leiden oder Überträger solcher Krankheiten sind, muss ihnen eine Tätigkeit in jenen Bereichen, in denen pflanzliches Material bearbeitet wird, entsprechend den einschlägigen Regelungen untersagt werden.
8.5 Mitarbeiter mit offenen Wunden, Entzündungen und Hautinfektionen sollten bis zum Eintritt einer völligen Genesung aus Bereichen, in denen pflanzliches Material bearbeitet wird, fern gehalten werden oder bis zu ihrer vollständigen Wiederherstellung angemessene Schutzkleidung oder Handschuhe tragen.
8.6 Das Personal sollte vor dem Kontakt mit toxischen oder potentiell allergenen pflanzlichen Materialien durch entsprechende Schutzkleidung geschützt werden.
8.7 Das Wohl und die Gesundheit aller Mitarbeiter, die mit Anbau und Verarbeitung zu tun haben, soll gesichert werden.

9. Dokumentation

9.1 Sämtliches Ausgangsmaterial und alle Verarbeitungsstufen einschließlich des Anbauortes müssen dokumentiert sein. Aufzeichnungen über die Felder, die Vorfrucht und vorhergegangene Behandlungen sollen von allen Anbauern geführt werden.
9.2 Jede Partie aus einer zusammenhängenden Fläche muss eindeutig und unverwechselbar gekennzeichnet werden (z. B. durch Vergabe einer Chargen-Nummer). Dies sollte so frühzeitig wie möglich erfolgen.
9.3 Partien von verschiedenen Flächen dürfen nur gemischt werden, wenn garantiert wird, dass die Mischung in sich homogen ist. Derartige Mischvorgänge müssen ebenfalls dokumentiert werden.
9.4 Aufzeichnungen über Art, Menge und Zeitpunkt der bei einer Partie geernteten Materials eingesetzten Chemikalien und anderer Mittel (z. B. Düngemittel, Pestizide und Herbizide, Wachstumsregulatoren usw.) sind unerlässlich.
9.5 Der Einsatz von Begasungsmitteln wie z. B. Phosphin muss in der Chargen-Dokumentation aufgezeichnet werden.
9.6 Alle Vorgänge und Bearbeitungsschritte, die einen Einfluss auf die Qualität des Produktes haben können, müssen chargenbezogen dokumentiert werden.
9.7 Alle Abmachungen zwischen Produzent und Abnehmer sollten schriftlich festgelegt werden (Anbaurichtlinien, Anbauvertrag usw.).

In einer Way Bill (Chargen-Dokumentation) sollte dokumentiert werden, dass Anbau, Ernte und Produktion in Übereinstimmung mit den GAP-Richtlinien durchgeführt worden sind. Zumindest sollte in der Way Bill eine Information über die geographische Definition des Anbauortes, des Ursprungslandes und des verantwortlichen Anbauers/Produzenten enthalten sein.
9.8 Die Ergebnisse der Audits sind in einem Auditbericht zu dokumentieren (Kopien aller Dokumente, Schlagkartei, Auditberichte, Analysenergebnisse), der mindestens 10 Jahre lang aufzubewahren ist.
9.9 Spezielle Umstände während der Wachstumsperiode, die die chemische Zusammensetzung beeinflussen könnten, wie z. B. extreme Wetterbedingungen, Schädlinge – besonders in der Erntezeit – müssen dokumentiert sein.

10. Schulung

Es ist außerordentlich empfehlenswert, die im Umgang mit dem Erntegut befassten Personen oder in der Leitung der Produktion eingesetzten Mitarbeiter im Hinblick auf Hygiene, geeignete Produktionstechniken und die sachgemäße Anwendung von Herbiziden und Pestiziden zu schulen.

11. Qualitätssicherung

Absprachen zwischen Produzenten und Abnehmern von Arznei- und Gewürzpflanzen bezüglich Qualitätsfragen, z. B. wirksamer Prinzipien und anderer charakteristischer Inhaltsstoffe, optischen und sensorischen Eigenschaften, Keimzahlbegrenzung, Pflanzenschutzmittelrückständen und Schwermetallen, müssen auf international anerkannten oder nationalen Spezifikationen beruhen und sollten in schriftlicher Form festgelegt sein.

[Quelle: EUROPAM-Fassung August 1998, erschienen in: Zeitschrift für Arznei- & Gewürzpflanzen 1998; S. 166–174, © Hippokrates Verlag GmbH, Stuttgart]

Gibt es etwas Schöneres als einen blühenden Kräutergarten?

Literaturverzeichnis

Arbeitsgruppe Kräuter und Gewürze für Nutz- und Heimtiere: Kräuter für Nutz- und Heimtiere. Eigenverlag 2006

Gravogel, Veronika: Kräuter im Hausgarten. Österreichischer Agrarverlag Druck und Verlagsges.m.b.H. Nfg. Kg., Leopoldsdorf 2002

Hans, Sabine: Extra dry. Die neue Lust am Trocknen und Dörren. Franckh-Kosmos-Verlags-GmbH & Co. KG, Stuttgart 2008

Lipp, Eva Maria: Trocknen und Dörren. Österreichischer Agrarverlag 2004

Pelzmann/Dachler: Arznei- und Gewürzpflanzen. Österreichischer Agrarverlag, Klosterneuburg 1999

Pirc, Helmut: Wildobst. Leopold Stocker Verlag GmbH, Graz 2009

Samwald, Achim: Dörren, Früchte, Gemüse, Kräuter. Eugen Ulmer KG, Stuttgart 2007

Schieferdecker, Helmut: Das Trocknen von Gemüse und Obst. Verlag Dr. Sorger und Hempel, Braunschweig 1942

Aus unserem Programm

ISBN 978-3-7020-1453-7

ISBN 978-3-7020-1401-8

Leopold Stocker Verlag
www.stocker-verlag.com
Graz – Stuttgart

Aus unserem Programm

ISBN 978-3-7020-1515-2

ISBN 978-3-7020-1142-0

ISBN 978-3-7020-1307-3

ISBN 978-3-7020-1550-3

Leopold Stocker Verlag

www.stocker-verlag.com

Graz – Stuttgart